V&R

Inge Seiffge-Krenke

Nach PISA

Stress in der Schule und mit den Eltern

Bewältigungskompetenz deutscher
Jugendlicher im internationalen Vergleich

Mit 11 Abbildungen und einer Tabelle

Vandenhoeck & Ruprecht

Bibliografische Information Der Deutschen Bibliothek

Die Deutsche Bibliothek verzeichnet diese Publikation in der Deutschen Nationalbibliografie; detaillierte bibliografische Daten sind im Internet über <http://dnb.ddb.de> abrufbar.

ISBN 10: 3-525-46262-X
ISBN 13: 978-3-525-46262-1

© 2006, Vandenhoeck & Ruprecht GmbH & Co. KG, Göttingen / www.v-r.de
Alle Rechte vorbehalten. Das Werk und seine Teile sind urheberrechtlich geschützt. Jede Verwertung in anderen als den gesetzlich zugelassenen Fällen bedarf der vorherigen schriftlichen Einwilligung des Verlages. Hinweis zu § 52a UrhG: Weder das Werk noch seine Teile dürfen ohne vorherige schriftliche Einwilligung des Verlages öffentlich zugänglich gemacht werden. Dies gilt auch bei einer entsprechenden Nutzung für Lehr- und Unterrichtszwecke.
Printed in Germany.
Satz: Satzspiegel, Nörten-Hardenberg
Druck und Bindung: Hubert & Co., Göttingen

Gedruckt auf alterungsbeständigem Papier.

Inhalt

Vorwort.. 9

1 Worum es in diesem Buch geht _____ 13
Zusammenfassung................................. 17

2 Der Anlass: Die PISA-Studien _____ 19
Der aktuelle Bezug: Die PISA-Studien 2000 und 2003 .. 19
Ergebnisse zur »Problemlösekompetenz« 21
Was bei PISA fehlt 22
Zusammenfassung................................. 24

3 Der gesellschaftliche Kontext: Aufwachsen in einer
  immer komplexer werdenden Welt _____ 25
Ursachen für die Zunahme von Verhaltensproblemen..... 25
Fünfzehn Jahre nach der Wiedervereinigung: Mehr
psychische Störungen bei ostdeutschen Jugendlichen? 27
Ökonomische Belastungen: Auswirkungen auf die
psychische Gesundheit und die Familienbeziehungen..... 29
Arbeitslosigkeit und Bildungschancen der Kinder........ 30
Allein erziehend – allein gelassen? Die psychosozialen
Beeinträchtigungen allein erziehender Mütter und ihrer
Kinder... 32
Ethnische Herkunft und Migration: Akkulturationsstress .. 36
»Kosten« der veränderten Lebensbedingungen
und die Kumulierung von Stressoren 38
Zusammenfassung................................. 39

4 Die Bewältigungskompetenz deutscher Jugendlicher
  bei Stress in Schule und Elternhaus _____ 41

Die enge Verzahnung von Stress und Bewältigung 42
Unterschiedliche Typen von Stressoren 44
Unterschiedliche Bewältigungsstile und der Einfluss
der Stresssituation................................ 45
Alters- und Geschlechtsunterschiede in der Stresswahr-
nehmung und -bewältigung........................ 46
Die kulturvergleichende Stress- und Coping-Studie 48
Stresserleben und Bewältigungskompetenz in Ost- und
Westdeutschland 51
Vergleiche mit den PISA-Spitzenländern Finnland und
Hongkong 54
Deutsche Jugendliche im internationalen Vergleich 56
Zusammenfassung................................. 63

5 Was macht Schülern Stress? 65

Welche Schulstressoren sind häufig? 66
Übergang in die Sekundarstufe I: Herausforderungen und
Kosten der Leistungsdifferenzierung 70
Prüfungsangst und Stress-Reaktionen bei
Klassenarbeiten 72
Ablehnung durch Mitschüler, Ausgrenzen und
Entwerten 74
Gewalt und Bullying in der Schule: Persönlichkeits-
merkmale und Copingstrategien von Tätern und Opfern .. 76
Kontextfaktoren: Lärm, Klassengröße, Klassenklima,
kulturelle Einflüsse 78
Schulstress: Eine Ursache für psychische und körperliche
Beschwerden..................................... 80
Beziehungen zwischen pubertärer Reife, Stress und
Gesundheitsverhalten 84
Unterstützung durch Lehrer und Mitschüler: Sind sie
»Stress-Puffer?« 85
Zusammenfassung................................. 87

6 Familiäre Herausforderungen und Belastungen 89

Wo sind Jugendliche besonders gefordert? 90

Veränderungen in der Beziehung zwischen Eltern und
Jugendlichen 91
Aushandeln von Autonomie durch Zunahme von Konflikten 93
Familiäre Konflikte im Kulturvergleich: Die deutschen
Jugendlichen 95
Unterstützung durch die Eltern bei schulischen
Problemen....................................... 97
Enge Verknüpfung zwischen familiären und
schulischen Problemen 99
Familienbeziehungen und Bewältigungsverhalten 104
Der Einfluss sozialer Unterstützung durch Eltern
und Freunde und der Zusammenhang zu
Körperbeschwerden als Stressreaktion 107
Zusammenfassung................................. 108

7 Belastungen von Lehrerinnen und Lehrern — 111

Berufswahlmotive und Berufszufriedenheit............. 112
Arbeitszeit und Zeitmanagement im Lehrerberuf 113
Unterrichtliche Belastungen und »schwierige Klassen«
in der Wahrnehmung von Lehrkräften 115
Unterschiedliche Bewältigungsstrategien als Reaktion
auf Stress 118
Belastungen und gesundheitliche Folgen: Psycho-
somatische Erkrankungen und Frühpensionierungen 121
Die Spezifität des Lehrer-Burn-outs 124
Die Ergebnisse der EUROTEACH-Studien.............. 127
Zusammenfassung................................. 133

8 Schulbasierte Präventions- und Interventions-
programme — 135

Förderung sozialer Kompetenzen in der Schule 135
Stressbewältigungsprogramme für Schüler 138
Coping skill training für Jugendliche in der Schule 139
Konfliktmoderation und Gewaltprävention............. 142
Prävention von Depression 146
Stressmanagement für Lehrerinnen und Lehrer 147
Supervision für Lehrkräfte 150

Schulpsychologische Beratung. 151
Interventionen bei schulspezifischen Störungen:
Schulangst und Schulverweigerung. 152
Wenn bei Jugendlichen Verhaltensauffälligkeiten
diagnostiziert werden: Erziehungspartnerschaft von
Familie und Schule. 155
Zusammenfassung. 157

9 Konsequenzen und Ausblick   159

Beeindruckende Bewältigungsleistung aller Jugendlichen . . 159
Deutsche Jugendliche: Viel Schulstress, wenig Elternstress. . . 161
Die gesundheitlichen Kosten. 163
Was kann man tun? 164
Zusammenfassung. 166

Literatur   167

Vorwort

Die PISA-Studien (Programme for International Student Assessment) haben zu großer Unruhe an deutschen Schulen geführt. Die Schülerinnen und Schüler und ihre Lehrerinnen und Lehrer fühlen sich betroffen und suchen nach Ursachen für das vergleichsweise schlechte Abschneiden der deutschen Schüler im Vergleich zu Schülern aus anderen europäischen und außereuropäischen Ländern. In der öffentlichen Diskussion hat sich vor allen Dingen der Vergleich zwischen einzelnen deutschen Bundesländern als sehr problematisch erwiesen, bei dem sich einige Länder als »Sieger« oder »Gewinner« (im Vergleich zwischen PISA 2000 und PISA 2003) fühlen, während andere Länder die Schlusslichter bilden. Sie schnitten nicht nur im internationalen Vergleich, sondern auch im gesamtdeutschen Vergleich schlecht ab und zeigten wenige Gewinne über die Zeit. Bei der Suche nach den Ursachen für diese Ergebnisse wird zu wenig bedacht, dass möglicherweise nicht nur die Schulsysteme wenig vergleichbar sind, sondern sich auch die Entwicklungsbedingungen und schulischen Kontextbedingungen unterscheiden können.

Stress in der Schule kann eine der Ursachen dafür sein, dass deutsche Jugendliche nicht so gut abgeschnitten haben. Es bleibt jedoch auch die Frage, wie es um die Bewältigungskompetenz von deutschen Jugendlichen generell bestellt ist und wie sie etwa mit Belastungen in anderen Bereichen umgehen. In diesem Buch wird die Stressbelastung und die Bewältigungskompetenz von deutschen Jugendlichen in zwei miteinander zusammenhängenden Bereichen, Schule und Eltern, untersucht. Dabei werden auch Daten von Jugendlichen aus anderen Ländern herangezogen. Insgesamt 9778 Jugendliche aus 18 Ländern wurden dazu befragt. Dass ein so großer Datensatz zustande gekommen ist, verdanke ich vor allem meinen ausländischen Kooperationspartnern, die gleich noch zu nennen sein werden. Die westdeutschen Daten wurden im Rahmen von Diplomarbeiten von Annette Ries, Hildegard Moritz und Renate Friedrich erhoben; die ostdeutschen Daten stellten Christine Wagner und Bärbel Kirsch aus Potsdam zur Verfügung. Die lettischen Daten wurden unter der Leitung von Marika Veisson, die russischen Daten unter der Leitung von Ljudmila Regusch erhoben. Die Schweizer Daten wurden aus dem Projekt von Hans-Christoph Steinhausen von Christa Winkler-Metzge zur Verfügung gestellt. Meine Doktorandin Anna Sidor hat Daten in Polen erhoben, meine Diplomandin Merja Luwe hat die finnischen Daten, mein Diplomand Christan Skaletz die ägyptischen Daten erhoben. Ihnen allen sei ganz herzlich gedankt.

Ich möchte an dieser Stelle auch meinen weiteren ausländischen Kooperationspartnern, die an dieser Studie mitgewirkt haben, sehr herzlich danken. Es handelt sich um Eleni Tzelepi aus Griechenland, Elvira Cigognani und Silvia Ciarano aus Italien, Darko Loncaric aus Kroatien, Harke Bosma aus den Niederlanden, Anne Borge aus Norwegen, Madalena Cunha aus Portugal, Petr Macek aus Tschechien, Figen Cok aus der Türkei, Celia Gillespie und Neil Micklewood aus Südafrika, Vicky Tam aus Hongkong, Iffat Rohail aus Pakistan und Cecilia Chau aus Peru.

Bis zum Abschluss der Datenerhebung, der Dateneingabe und Verrechnung war es ein weiter Weg. Mein Mitarbeiter Tim Gelhaar hat vor allem die erste Phase der Aufbereitung und Verrechnung der Daten betreut; in seiner Doktorarbeit wird er den innereuropäischen Vergleich vertiefend bearbeiten. Inzwischen sind weitere neue Datensätze rekrutiert worden. Jörg von Irmer hat mich bei der Aufbereitung und Verrechnung des Gesamtdatensatzes tatkräftig unterstützt. Mein Dank geht noch einmal an Christian Skaletz, der mir bei der Literatursuche und der Abfassung des Literaturverzeichnisses sowie der formalen Gestaltung des Buches eine große Hilfe war. Erwähnenswert ist auch, dass Bruno van Marwyk und Rudolf Göttle in ihren Diplomarbeiten einen Einblick in die schulischen und familiären Copingprozesse gegeben haben, und Anna Müller und Caroline Noschka in ihren Diplomarbeiten aggressives Verhalten bei Schülerinnen und Schülern untersuchten. Katja Waligora hat in ihrer Doktorarbeit den Zusammenhang zu gesundheitlichen Beeinträchtigungen hergestellt. Diese Aspekte, die gesundheitlichen Auswirkungen von Stress, die vertiefende Analyse des Copingprozesses und die Analyse verschiedener Aggressionsformen, derer sich Schüler im Unterricht bedienen, stellten eine wichtige Bereicherung bei meiner Suche nach den Ursachen von Schulstress und Elternstress dar.

Inge Seiffge-Krenke

1 Worum es in diesem Buch geht

Unzweifelhaft ist Schule ein Ort, an dem Kinder und Jugendliche lernen müssen, sich Leistungsanforderungen zu stellen, eine disziplinierte Arbeitshaltung zu entwickeln und die Qualität ihrer Bemühungen und Arbeiten an objektiven Kriterien messen zu lassen, um dem heute geforderten modernen Sozialcharakter, der Disziplin- und Leistungsidentität (Fend 2001) zu entsprechen. Zunehmende Internationalisierung, Austausch und Kooperation, aber auch verstärkter Wettbewerb zwischen den Ländern haben zu einer zunehmenden Angleichung der europäischen Berufs- und Studienabschlüsse geführt, wie die in der Bundesrepublik derzeit eingeführten MA- und BA-Programme, die auf der Bologna-Resolution basieren.

Angleichung an internationale Standards, Kooperation, aber auch Konkurrenz sind auch auf schulischer Ebene zu beobachten. In der bildungspolitischen Diskussion werden Ergebnisse der PISA-Studien seit Jahren intensiv diskutiert. Dabei fällt zum einen auf, dass Punktwerte in verschiedenen Fächern (vor allem Lesen und Mathematik) für diesen Vergleich herangezogen werden. Noten oder Punktwerte allein greifen aber zu kurz, um komplexe Lernprozesse abzubilden. Basiskompetenzen, die in einer immer komplexer und schnelllebiger werdenden Zeit sinnvoll und zunehmend gefordert sind, spielen dagegen eine verschwindend geringe Rolle. Des Weiteren ist bemerkenswert, dass deutsche Grundschüler besser abschneiden als Jugendliche. Dieses Phänomen unterstreicht, dass es wichtig ist, den Entwicklungskontext genauer zu betrachten.

In den letzten Jahrzehnten ist die Jugendphase einem erheblichen Strukturwandel unterworfen. Die veränderten Bedingungen des Aufwachsens können für einen Großteil der Jugendlichen nicht nur neue Lebenschancen, sondern eine Vielzahl früher unbekannter Lebensbelastungen mit sich bringen. Dies führt zu neuen physischen, psychischen und sozialen Anforderungen, Risiken des Scheiterns und der Unruhe. Als Folge werden die Bewältigungskapazitäten von Jugendlichen nicht selten überfordert. Brinkhoff (1998) sieht darin die Hauptursache für die paradoxe Situation, dass trotz hohem Lebensstandard und elaborierten sozialen Stützsystemen der Anteil von Jugendlichen mit sozialen Problemen, psychischen Störungen und körperlichen Beeinträchtigungen wächst.

Hinzu kommen besondere Entwicklungsbedingungen. Das Jugendalter ist ein besonders veränderungsintensiver Lebensabschnitt, der Veränderungen im biologischen Bereich (z. B. das Erreichen der sexuellen Reife), der Identität und in den bedeutsamen Beziehungen umfasst (z. B. die zunehmende Loslösung vom Elternhaus, die zunehmende Bedeutung der Gleichaltrigen [Peergroup], die ersten romantischen Beziehungen). Zugleich haben Jugendliche die Endphase der schulischen Ausbildung und den Beginn einer beruflichen Ausbildung oder eines Studiums mit verstärkter Zukunftsorientierung vor sich (Berk 2003; Lerner 2003). Jugendliche sind damit einer deutlich größeren Bandbreite von Stressoren ausgesetzt als etwa Kinder (Flammer u. Alsaker 2002; Oerter u. Dreher 2002). Diese Veränderungen im Zuge des Übergangs von der Kindheit zum Erwachsenenalter bringen für Jugendliche alterstypische Probleme mit sich, die es zu bewältigen gilt. Dabei steht der Vielzahl jugendtypischer Alltagsstressoren ein noch relativ eingeschränktes Spektrum an verfügbaren Bewältigungsstrategien gegenüber (Patterson u. McCubbin 1987).

Die neuere empirische Forschung konnte zeigen, dass die meisten Jugendlichen diese stressreiche Phase mit schnellen entwicklungsbedingten Veränderungen ohne größere Auffälligkeiten bewältigen (Ebata u. Moos 1994; Petersen 1993; Seiffge-Krenke 1998). Bei einer nicht unbeträchtlichen Zahl von Jugendlichen kommt es jedoch zu psychischen und körperlichen Symptomen. In neueren internationalen epidemiologischen Studien werden für psychische Störungen bei Jugendlichen Prävalenzraten von ca. 20 % berichtet (Verhulst u. Koot 1995; Rutter u. Smith 1995; Steinhausen et al. 1998). In einer Metaanalyse epidemiologischer Untersuchungen ermittelte Fombonne (1998) eine Zunahme psychischer Störungen (wie Angststörungen, Depression, Essstörungen, Suizidalität und Delinquenz) bei Heranwachsenden in den letzten Jahren. Als mögliche Ursache wird neben anderen Faktoren auch eine Zunahme des subjektiv erlebten Schulstresses vor allem von Jugendlichen an weiterführenden Schulen diskutiert. Nach Balz (1998) wurden auf der Ebene von objektivierbaren Befunden diverse körperliche Beeinträchtigungen wie Übergewicht (30 %), Kreislaufprobleme (20 %) und Haltungsschäden (50 bis 65 %) bei Jugendlichen gefunden. Parallel dazu gibt es eine beträchtliche Zahl regelmäßiger Raucher und körperlich Inaktiver (Narring et al. 2004). Zusätzlich zu den objektivierbaren Symptomen sind zahlreiche psychosomatische Beschwerden (wie Bauchschmerzen, Kopfschmerzen, Schlaflosigkeit) nachweisbar, wobei Eltern die subjektiv wahrgenommenen Beschwerden oftmals nicht erkennen. Legt man dem Gesundheitszustand von Jugendlichen solche subjektiven Beschwerden zugrunde, bilden Jugendliche keinesfalls die gesündeste Altersgruppe. Roth (2000) weist darauf hin, dass Heranwachsende im Vergleich zu Erwachsenen in zahlreichen Beschwerdedimensionen höhere Beeinträchtigungsgrade aufweisen.

Man muss daraus den Schluss ziehen, dass Jugendliche eine besonders belastete Gruppe darstellen. Die gegenwärtigen Lebensbedingungen, die phasenspezifischen Stressoren sowie die Anforderungen im schulischen Bereich tragen sicher zu diesem insgesamt schlechteren Gesundheitszustand Jugendlicher bei. Insofern greift ein nur an der reinen Mathematik- oder Leseleistung orientierter internationaler Vergleich zu kurz. Die Herausforderungen, aber auch die Risiken dieses Lebensabschnittes sind besondere und müssen bei einem solchen Vergleich angemessen berücksichtigt werden. Zugleich sind die Ressourcen, über die Jugendliche im Sinne ihrer Bewältigungskompetenz, aber auch durch die soziale Unterstützung von Eltern und Freunden verfügen, einzubeziehen. Die enge Interaktion zwischen schulischen Anforderungen und Problemen und solchen im Elternhaus ist ebenfalls zu berücksichtigen. Hier kann es einerseits zur Unterstützung und Kompensation kommen, andererseits aber auch zu einer Kumulierung von Stressoren. In diesem Zusammenhang sollte nicht vergessen werden, dass einer der häufigsten Vorstellungsgründe von Jugendlichen in Erziehungsberatungsstellen eine Lern- und Leistungsproblematik auf dem Boden einer gestörten Familiendynamik ist (Liermann 2003; Oelsner u. Lehmkuhl 2003). Nicht alle Jugendlichen sind für die Bewältigung der diversen Stressoren optimal ausgerüstet. Während es adaptive Bewältigungsstrategien gibt, die helfen, die Stressoren zu meistern, kann der Gebrauch dysfunktionaler Bewältigungsstrategien den Stress eher erhöhen.

Dieses Buch hat es sich daher zum Ziel gesetzt, die Stressbelastung und Bewältigungskompetenz von deutschen Jugendlichen im internationalen Vergleich zu analysieren. Dabei sollen zwei eng verbundene Lebensbereiche von Jugendlichen, die Schule und die Familie, genauer betrachtet werden. Dies geschieht auf dem Hintergrund genereller gesamtgesellschaftlicher Veränderungen, die heute in Deutschland lebende Jugendliche betreffen, aber auch unter Berücksichtigung ihres alterspezifischen Entwicklungsstands. Es wird zu zeigen sein, dass Stresswahrnehmung und Bewältigungskompetenzen zu den Schlüsselqualifikationen gehören, in denen deutsche Jugendliche im internationalen Vergleich eine angesichts der beschriebenen komplexen Lebens- und Entwicklungsbedingungen durchaus positive Position einnehmen. Ziel ist es demnach, die Risiken, Ressourcen und Kosten in einer umfassenden Weise herauszuarbeiten, die der Lebenswirklichkeit der Jugendlichen gerecht werden. Dabei werden Befunde aus meiner eigenen kulturvergleichenden Studie mit Ergebnissen anderer Autoren, die vor allem deutsche Jugendliche, aber auch Jugendliche in anderen Ländern befragt haben, in Beziehung gesetzt. Die beiden Lebenskontexte Schule und Familie werden miteinander verbunden und die besondere Bedeutung von Lehrern herausgearbeitet. Es wird sich zeigen, dass auch Lehrer unter erheblichen Belastungen leiden, die wiederum Auswirkungen auf die schulische Erfahrungswelt der Jugendlichen und die Interaktion mit deren Eltern haben. Aus diesen Gründen wird am Ende dieses Buches ein Kapitel stehen, das Präventions- und Interventionsansätze für den schulischen Bereich vorstellt und das besonders auf die Förderung kompetenter Bewältigungsstrategien abhebt.

Zusammenfassung

In diesem Buch sollen Hintergrundinformationen zu PISA dargestellt werden. Die Schlüsselqualifikationen Stressbelastung und Bewältigungskompetenz in Bezug auf Schule und Familie von deutschen Jugendlichen sollen im internationalen Vergleich analysiert werden, und zwar auf dem Hintergrund gesamtgesellschaftlicher Veränderungen. Risiken, Ressourcen und Kosten sollen herausgearbeitet werden, sowohl auf Schüler- als auch auf Lehrerseite. Präventions- und Interventionsansätze für den schulischen Bereich werden präsentiert, die helfen, die komplexen Probleme im schulischen Bereich zu lösen.

2 Der Anlass: Die PISA-Studien

In diesem Buch geht es darum, die Kompetenzentwicklung von Jugendlichen in den Bereichen Schule und Familie – die oft miteinander zusammenhängen – zu untersuchen. Die Daten der PISA-Studien greifen zu kurz, da lediglich ausgewählte schulische Aspekte (Mathematik, Lesen, analytisches Problemlösen) verglichen wurden. Bislang fehlen kulturvergleichende Studien, die universelle, aber auch länderspezifische Stressoren belegen, die kompetente Bewältigung der Jugendlichen kulturübergreifend miteinander vergleichen und Ursachen für das Scheitern in bestimmten Bereichen analysieren. Bevor eine eigene Studie vorgestellt wird, die auf die Daten von 9778 12-bis 18-jährigen Jugendlichen aus 18 Ländern zurückgreift, sollen zunächst Vorgehensweise und wesentliche Ergebnisse der PISA-Studien vorgestellt werden.

Der aktuelle Bezug: Die PISA-Studien 2000 und 2003

Die Schulleistungstests im Rahmen von PISA finden alle drei Jahre statt mit jeweils unterschiedlichen Schwerpunkten. In der ersten PISA-Studie im Jahre 2000 stand Lesekompetenz im Vordergrund. Bei PISA 2003 lag der Schwerpunkt auf der Mathematik-Kompetenz. PISA 2006 soll detaillierte Ergebnisse zur naturwissenschaftlichen Kompetenz liefern. An PISA 2003 nahmen 40 Länder teil, wobei lediglich 30 Länder auch schon 2000 teilgenommen hatten, u. a. Deutschland, Dänemark, Finnland, Frankreich, Griechenland, Hongkong, Irland, Island, Italien, Japan, Südkorea, Lettland, Mexiko, Niederlande, Norwegen, Österreich, Polen, Portugal, Russland, Schweden, Schweiz, die Slowakische Republik, Spanien,

Tunesien, die Türkei und die USA. Großbritannien wurde wegen zu geringer Rücklaufquoten ausgeschlossen. In den Publikationen wird zumeist auf 30 Länder zurückgegriffen und es werden ausgewählte Länder herangezogen. Für PISA 2003 erfolgte die Festlegung auf 15-jährige Schüler, die sich in den meisten Ländern am Ende ihrer Pflichtschulzeit befinden müssten. Sehr viele Staaten haben eine neun oder zehn Jahre dauernde Schulpflicht.

Das PISA-Konsortium hat im Jahre 2003 den Bildungsstand von 15-jährigen repräsentativ ausgelesenen deutschen Jugendlichen hinsichtlich Mathematik, Lesen und allgemeiner Problemlösekompetenz mit Jugendlichen aus diesen anderen Nationen verglichen und ist zu dem Ergebnis gekommen, dass deutsche Jugendliche in Mathematik und Lesen unterdurchschnittlich kompetent sind, während etwa Jugendliche aus Hongkong und Finnland sowie Südkorea Spitzenwerte einnehmen. Bei einer weiteren Analyse hinsichtlich allgemeiner Problemlösekompetenz (analytisches und dynamisches Problemlösen überwiegend im naturwissenschaftlichen Bereich) lagen die deutschen Jugendlichen im Mittelfeld, wie auch Jugendliche aus anderen europäischen Staaten. Mit 513 Punkten lag die analytische Problemlösekompetenz der deutschen Jugendlichen im Jahre 2003 zwar signifikant über dem OECD-Mittelwert, erstaunlich ist allerdings, dass dieses fächerübergreifend vorhandene analytisch-problemlösende Denken nicht genutzt wurde, um fachliche Kompetenz, etwa in Mathematik, aufzubauen. Die Vergleiche zwischen 2000 und 2003 sind noch nicht vollständig publiziert, werden aber bereits intensiv öffentlich diskutiert. Sie scheinen einen Trend abzubilden mit leichten Zugewinnen für die deutschen Schüler.

Über die Ergebnisse der PISA-Studien wurde in den Massenmedien ausführlich berichtet, allerdings oft einseitig und mit einer Tendenz zur Stigmatisierung. So haben die neuen Ergebnisse von 2003 zu einer regen Debatte geführt, ob das schlechte Abschneiden der Ausländerkinder in Deutschland mit Intelligenzmängeln zu tun habe (vgl. Die Zeit, 28.7.2005). Des Weiteren wurde die Verbesserung der deutschen Schüler in Mathematik und Naturwissenschaften mit Befriedigung zur Kenntnis genommen, vor allem die Verbesserung bei Schülern in einigen Bundesländern. Die Tatsache, das bayrische Schüler in beiden Bereichen am meisten Zugewinne zeigten, hat zu einer erheblichen Unruhe geführt (Die Zeit, 21.7.2005); einige Autoren mutmaßen, damit hätte Bayern den Anschluss an die Weltspitze um Finnland und Südkorea gefunden. Man darf allerdings nicht vergessen, dass Schüler aus Sachsen und Baden-Württemberg in der Problemlösekompetenz fast ebenso hohe Punktzahlen erreicht haben. Allerdings sollte man die Zuwächse nicht überbewerten. Ob eine echte Trendwende eingesetzt hat, darüber sind sich die Fachleute einig, wird frühestens PISA 2006 zeigen.

Ergebnisse zur »Problemlösekompetenz«

Einer der Bereiche, der getestet wurde, ist Problemlösekompetenz. Was genau ist damit gemeint? Problemlösekompetenz bezieht sich auf »Wissen und Fähigkeiten, die in einem lebenslangen Prozess nicht nur in der Schule oder durch institutionalisiertes Lernen erworben werden, sondern auch etwa in der Interaktion mit Gleichaltrigen und der Gesellschaft« (PISA-Konsortium Deutschland 2004, S. 23). Es geht um kognitive Prozesse, wie ein Problem charakterisieren, Aspekte dazu ordnen, die Lösung reflektieren und sie kommunizieren. Die so genannte »Problemlösekompetenz« ist weniger eine allgemeine Basisfertigkeit im Problemlösen, wie der Name suggeriert, sondern umfasst das Lösen spezifischer naturwissenschaftlicher Fragen. Insofern ist es wenig erstaunlich, dass Länder mit sehr guten Werten in Mathematik auch gleichzeitig diejenigen sind, deren Jugendliche Spitzenwerte in Problemlösekompetenz aufweisen, nämlich Südkorea, Hongkong, Japan und Finnland. Mit 513 Punkten lag Deutschland im Mittelfeld. Spitzenwerte wurden in Finnland (548) gefunden. Der OECD-Durchschnitt betrug 500; auffällig ist das relativ schlechte Abschneiden der USA (477) und Italiens (470) als »Schlusslichter«. Allerdings wird in der Studie auch deutlich, dass innerhalb der Länder eine größere Streuung besteht als zwischen den Ländern. Wie erwähnt gibt es deutliche Unterschiede in Abhängigkeit von den einzelnen Bundesländern mit einer Spitze in Bayern und einem relativ schlechten Abschneiden in Bremen. Kennzeichnend für Finnland sind nicht nur Spitzenwerte, sondern auch eine geringe Varianz, das heißt viele Schüler sind sehr gut in der

Problemlösekompetenz. Interessant ist des Weiteren, dass es in fast allen Ländern nur wenige Geschlechtsunterschiede gibt. In Deutschland haben Mädchen etwas höhere Werte als Jungen, aber die Differenz (6 Punkte) ist statistisch nicht bedeutsam.

Was bei PISA fehlt

Für das vergleichsweise schlechte Abschneiden der deutschen Jugendlichen gibt es sicherlich viele Ursachen. So wird etwa argumentiert, dass Bremen mit 40 % Einwandererkindern es schwerer hat, gut abzuschneiden als Bayern mit halb so vielen. Bei einer Arbeitslosenquote von 21 % in Sachsen-Anhalt sind möglicherweise andere Auswirkungen auf das schulische Umfeld zu erwarten als in Baden-Württemberg mit nur 7 %. Dann muss man bedenken, dass rund ein Viertel als Risikoschüler gelten, die Schwierigkeiten haben, eine Bewerbung zu schreiben. Die PISA-Forscher haben aber in ihren Auswertungen so getan, als seien in allen Bundesländern die gleichen Entwicklungs- und Lernbedingungen vorhanden. Andererseits wurde beobachtet, dass gerade die Bundesländer mit schwierigen Lernkontexten auch deutliche Fortschritte gemacht haben. In allen Bereichen erwies sich der sozioökonomische Status (erfasst durch die Berufe der Eltern) von großem Einfluss, und zwar in allen Bundesländern.

Der verwendete Kompetenzbegriff ist recht eng gefasst und geht nicht über naturwissenschaftliche Fertigkeiten hinaus. Analysen des schulischen Bedingungskontextes fehlen weitgehend. In den PISA-Studien wurden zwar weitere Randbedingungen erfragt (»Wie zufrieden bist du mit deiner Schule?«, Klassenklima, Eigenschaften von Lehrern), doch nicht sehr ausführlich und genau, sodass sich über den schulischen Lernkontext als Einflussvariable wenig sagen lässt. Deutlich wurde allerdings, dass sich deutsche Mädchen durch schulische Probleme stärker belastet fühlen als gleichaltrige Jungen. Des Weiteren wurde auch die Perspektive der Lehrer nicht berücksichtigt. Die Motivation und Arbeitsbelastung der Lehrer ist aber nach Ansicht der finnischen Untersucher sehr entscheidend für das gute Abschneiden finnischer Schüler (Die Zeit, 18.8.2005).

Bringt man die untersuchten Bereiche Mathematik, Naturwissenschaft, Lesen (mit vergleichsweise schlechtem Abschneiden) und naturwissenschaftliche Kompetenz (mit durchschnittlichem Abschneiden) zusammen, so stellt sich die Frage, warum deutsche Jugendliche ihre vorhandene Kompetenz so wenig nutzen und wie es mit der Bewältigungskompetenz in anderen Lebensbereichen, die über die schulischen Leistungsanforderungen in den Naturwissenschaften hinausgehen, aussieht. Die Erfordernisse in einer modernen Leistungsgesellschaft, wie wir sie in Deutschland haben, sind komplex und umfassen mehr als nur leistungsbezogene, naturwissenschaftliche Kompetenz. Es ist also sinnvoll, über rein schulische Kompetenzen hinauszugehen und die Auseinandersetzung mit verschiedenen schulspezifischen Belastungssituationen zu analysieren, aber auch zu schauen, welche Ressourcen die Jugendlichen zur Bewältigung dieser Belastungen zur Verfügung haben. Möglicherweise sind zu viele schulische Stressoren ein Grund, weshalb deutsche Jugendliche ihre vorhandenen Kompetenzen so wenig einsetzen. Diesem Buch liegt demnach ein umfassenderes Verständnis von Kompetenz zugrunde, dass in Kapitel 4 ausführlich erläutert wird.

Schulisches Stresserleben und schulische Bewältigungskompetenz sind abhängig vom häuslichen Milieu, der Unterstützung durch die Eltern und der möglichen Vorbildfunktion, die Eltern hier einnehmen. Familiäre Erfahrungen können aber selbst wiederum zur Quelle von Stress werden, wenn etwa Leistungsdruck und geringes Verständnis vorherrschen und zu starke Reglementierung oder Vernachlässigung zu beobachten sind. Die Potenzierung von schulischen und familiären Stressoren kann wiederum eine wichtige Quelle für psychische und körperliche Probleme darstellen, die sich durch maladaptive Bewältigungsstile noch verstärken können. Diese Faktoren können sich negativ auf die Schulleistung auswirken.

Zur Beantwortung dieser Fragen soll ein Datensatz von 9778 Jugendlichen ausgewertet werden, die ebenfalls aus Ländern stammen, die in der PISA-Studie eingeschlossen waren (Deutschland, Finnland, Griechenland, Italien, Niederlande, Norwegen, Polen, Portugal, Schweiz, die Tschechische Republik, die Türkei, Hongkong, Russland). Dies verspricht einen umfassenden Beitrag zum Verständnis derjenigen Faktoren, die kulturübergreifend oder kulturspezifisch die Auseinandersetzung mit Belastungen und damit

Bewältigungskompetenz moderieren. Kompetenz entsteht nicht im luftleeren Raum, sondern ist an Bedingungen gebunden. Ohne die gleichzeitige Analyse von Belastungsfaktoren und deren Bewältigung ist Kompetenz nicht wirklich abschätzbar. Dies ist der Grund, weshalb in diesem Buch verstärkt auf schulische und familiäre Belastungen und deren Bewältigung eingegangen wird. Diese Faktoren sind im internationalen Vergleich ebenfalls zu berücksichtigen, wenn von Kompetenz gesprochen wird. Es ist beispielsweise möglich, dass Jugendliche aus PISA-Spitzenländern unter besonders wenigen Stressoren leiden und ihr gesamtes schulisches und familiäres Umfeld deutlich günstiger ist als das von Schülern aus Ländern, die die »Schlusslichter« bilden. Bevor wir uns mit dieser Frage beschäftigen, soll zunächst auf den Wandel in den Lebensbedingungen eingegangen werden, der für viele Jugendliche aus westlichen Industrienationen, so auch auf deutsche Jugendliche, zutrifft. Er markiert den Hintergrund, vor dem wir die PISA-Diskussion – so wie die in diesem Buch vorgenomene ergänzende Auswertung von Stressoren und Bewältigungskompetenz – sehen müssen.

Zusammenfassung

Die PISA-Studien belegen ein schlechtes Abschneiden deutscher Schüler im internationalen Vergleich in Bezug auf einzelne Schulleistungen sowie naturwissenschaftliche Kompetenz. Der dort verwendetet Kompetenzbegriff greift allerdings zu kurz. Kompetenter Umgang mit vielfältigen Problemen in der Schule und im Elternhaus ist dagegen gefordert, wobei der aktuelle Bezug zur Lebenswirklichkeit der Jugendlichen und den sich daraus ergebenen Belastungen hergestellt werden muss. In diesem Kontext ist auch die Rolle und Funktion von Lehrern angemessen zu berücksichtigen.

3 Der gesellschaftliche Kontext: Aufwachsen in einer immer komplexer werdenden Welt

In den letzten Jahrzehnten hat sich der Entwicklungskontext für Jugendliche in vielen Ländern verändert. Zunehmende Industrialisierung und ökonomische Angleichung sind Lebensbedingungen, die für Jugendliche aus den früher kommunistisch regierten Ländern verstärkt gelten, verbunden mit einem gesellschaftlichen Umbruch und einer Veränderung traditioneller Werte. Für diese Jugendlichen boten sich neue Chancen, waren neue Aktivitäten erforderlich, während gleichzeitig ein Zusammenbrechen der bisherigen Betreuungs- und Unterstützungskultur zu beobachten war. Für westliche Jugendliche gilt verstärkt, dass Leistungsdruck und Leistungsanstrengungen zugenommen haben, die eigene berufliche Zukunft jedoch auf Grund der allgemeinen wirtschaftlichen Lage zunehmend ungewisser wird. Diese Veränderungen sind auf der Folie familienstruktureller Veränderungen zu betrachten. Alle diese Veränderungen zusammengenommen verursachen »Kosten« für die heutigen Jugendlichen. Dies soll in diesem Kapitel unter besonderer Berücksichtigung der Jugendlichen in Ost- und Westdeutschland verdeutlicht werden.

Ursachen für die Zunahme von Verhaltensproblemen

Internationale epidemiologische Studien weisen darauf hin, dass Verhaltensauffälligkeiten bei Jugendlichen im Verlauf der letzten Jahre generell zugenommen haben. Zum einen wird dabei ein Anstieg depressiver Erkrankungen betont (Fombonne 1998; Essau u. Petermann 2000), zum anderen berichten Studien auch über einen

Anstieg von Kriminalität und erhöhten Substanzmissbrauch bei Jugendlichen (Pfeiffer 1997; Rutter u. Smith 1995). Eine Zunahme problematischer Verhaltensweisen bei Jugendlichen sollte sehr ernst genommen werden, da Verhaltensauffälligkeiten im Jugendalter nicht, wie oft angenommen, Ausdruck zeitlich begrenzter pubertärer Entgleisungen sind, sondern eine enorme Stabilität bis ins Erwachsenenalter aufweisen (Achenbach et al. 1995; Esser et al. 2000; Lehmkuhl et al. 1998).

Für die Zunahme von Verhaltensproblemen werden gesellschaftliche, politische und biosoziale Faktoren als ursächlich diskutiert, speziell für das Adoleszentenalter. Der frühere Eintritt der körperlichen Reifung (Akzeleration), die Pluralität und Wertevielfalt von Peergroups und Subkulturen sowie der unkontrollierte Medienkonsum werden ebenso in Feld geführt wie ein Werteverfall, zum Beispiel ein Bereicherungsstreben bei Zunahme des allgemeinen materiellen Wohlstandes. In diesem Zusammenhang ist auf einen weitgehenden Funktions- und Strukturwandel der beiden wichtigsten Sozialisationsinstanzen, Familie und Schule, hinzuweisen. Klassische Zwei-Eltern-Familien sind zwar immer noch die dominante Familienform, hinzukommt allerdings eine zunehmende Anzahl allein erziehender Eltern sowie Familien mit strukturellen Veränderungen wie Stiefeltern- und Stiefgeschwisterfamilien (Walper u. Pekrun 2001). Trotz zunehmender Qualifikation der Jugendlichen sind ihre Chancen, den gewünschten Ausbildungs- und Arbeitsplatz zu bekommen, deutlich geringer als für frühere Generationen. Massiver Leistungsdruck bei Lehrstellen und Arbeitsplatzkonkurrenz wird berichtet (Ihle et al. 2003). Dettborn (1992) sieht eine mögliche theoretische Erklärung für das Anwachsen von Verhaltensauffälligkeiten bei Jugendlichen darin, dass junge Menschen von heute die Kompliziertheit von Handlungsbedingungen und die Unsicherheit der eigenen Perspektive als Bedrohung wahrnehmen und ihr eigenes Lebens als schwer überschaubar und gestaltbar erleben.

Dieser komplexer werdende Entwicklungszusammenhang gilt für viele Jugendliche der westlichen Industrienationen. Das Kontextmodell der Entwicklung von Lerner und Castellino (2002) hat in einem ganzheitlichen Erklärungsansatz das Zusammenspiel von Einflussvariablen einer individuellen Mikroebene mit denen einer übergeordneten kulturellen, gesellschaftlichen Makroebene zum

Gegenstand. Es weist nach, dass geringere Proportionen von Jugendlichen (am Anteil der Gesamtbevölkerung) für nahezu alle Industrienationen typisch sind und zugleich diese kleiner werdende Gruppe Jugendlicher durch spezielle Entwicklungsbedingungen (mehr ausländische Jugendliche, mehr allein erziehende Eltern, mehr Armut) gekennzeichnet ist, verglichen mit Jugendlichen, die vor zehn Jahren aufwuchsen. Für Jugendliche aus beiden Teilen Deutschlands stellen sich die veränderten Bedingungen des Aufwachsens in unterschiedlicher Schärfe dar. Der gesellschaftliche Umbruch in der DDR hat innerhalb des Arbeitsmarkt- und Beschäftigungssystems weit reichende Konsequenzen nach sich gezogen. Es hat eine dramatische Verdrängung aus dem Arbeitsmarkt stattgefunden (Mayer et al. 1997). Innerhalb weniger Jahre kam es, ausgehend von Vollbeschäftigung, zu umfassender und lang anhaltender Massenarbeitslosigkeit. Aber auch familienstrukturelle Veränderungen wie zunehmende Scheidungsraten und das Aufwachsen in Ein-Eltern-Familien oder komplexen Patchwork-Familien sind wesentliche Veränderungen, die den Entwicklungskontext von Jugendlichen heute bestimmen und für ostdeutsche Jugendliche noch charakteristischer sind als für westdeutsche.

Fünfzehn Jahre nach der Wiedervereinigung: Mehr psychische Störungen bei ostdeutschen Jugendlichen?

Im deutschsprachigen Raum wurde besonders eine aktuell erhöhte psychische Auffälligkeit von Jugendlichen in den neuen Bundesländern (mit Zunahme von Gewaltbereitschaft und rechtsradikalen Aktivitäten, vgl. Sturzbecher u. Tausendteufel 2003) in der Öffentlichkeit diskutiert. Wissenschaftliche Untersuchungen zur Entwicklung der psychischen Befindlichkeit von ostdeutschen Jugendlichen im Verlauf der gesellschaftlichen und politischen Umstrukturierung seit der Wiedervereinigung liegen bislang jedoch nur unzureichend vor. Erste Studien zeigen eine höhere Ausprägung externalisierender Verhaltensweisen bei Jungen in Ostdeutschland im Vergleich zu jenen in Westdeutschland und den Niederlanden (Goetze u. Julius 2001).

Die Arbeit von v. Widdern et al. (2004) geht der Frage nach, wie sich Jugendliche in den neuen Bundesländern über ein Jahrzehnt nach der Wiedervereinigung hinsichtlich Verhaltensauffälligkeiten und emotionaler Befindlichkeiten beurteilen. Im Speziellen wird der Zusammenhang zwischen psychischen Auffälligkeiten und soziodemografischen, familiären und schulischen Leistungsparametern näher beleuchtet. 533 Rostocker Jugendliche der Klassenstufen sieben bis elf bzw. im ersten und zweiten Berufslehrjahr nahmen an der Studie teil. Die Gesamtarbeitslosigkeit der Eltern dieser Jugendlichen lag mit rund 9 % unter dem Vergleichswert der Gesamtarbeitslosenquote für Rostock (20 %). Die Jugendlichen füllten den Youth Self Report (YSR) aus. Im Vergleich zu anderen deutschen (Döpfner et al. 1998) und internationalen Studien (Verhulst u. Koot 1995; Fombonne 1998) zeigte sich in dieser Schülergruppe eine hohe psychische Symptombelastung bei Jungen und Mädchen. Jeder fünfte Jugendliche wurde als klinisch auffällig beurteilt. In den Skalen zur Erfassung internaler Probleme (sozialer Rückzug, körperliche Beschwerden, Angst und Depressivität) beschrieben sich die Mädchen im Vergleich zu den Jungen signifikant als auffälliger. Hinsichtlich aggressiver und delinquenter Verhaltensweisen waren Jungen im Alter von 15 bis 16 Jahren deutlich höher belastet. Aufmerksamkeitsprobleme und internale Auffälligkeiten nehmen mit steigendem Alter zu. Ein vergleichbar niedriges Ausbildungsniveau (Hauptschule), die erlebte Scheidung der Eltern und eine große Geschwisterzahl korrelierte mit dem gehäuften Auftreten externaler Auffälligkeiten, wohingegen die Arbeitslosigkeit des Vaters mit depressiven und sozialen Problemen der Jugendlichen assoziiert war.

Jugendliche mit dissozialen Verhaltensweisen und Aufmerksamkeitsproblemen hatten auch einen vergleichsweise schlechten Notendurchschnitt und eine geringe Lesefertigkeit. In der Stichprobe gaben 28 % der untersuchten Schülerinnen und Schüler an, mindestens eine Klassenstufe wiederholt zu haben. 44 % der Jugendlichen hatten in ihrer Schullaufbahn Förderunterricht oder Nachhilfestunden zur Verbesserung ihrer Leistung erhalten. 49 % hatten die Note gut und 50 % die Note befriedigend als Durchschnittsnote im letzten halben Jahr. Die Ergebnisse zur Geschlechts- und Altersabhängigkeit der Symptome stimmen im Wesentlichen mit aktuellen Forschungsbefunden überein. Mädchen aller Altersstufen beurteilten sich in dieser Studie signifikant stärker auffällig hinsichtlich internalisierender Störungen, während Jungen vor allem ab dem Alter von 15 und 16 Jahren erhöhte Werte in den dissozialen und aggressiven Verhaltensweisen aufwiesen. Die Ergebnisse stützen die These, dass sich bei Jugendlichen in den neuen Bundesländern 15 Jahre nach der Wiedervereinigung eine hohe psychische Symptombelastung herausgebildet hat.

Ökonomische Belastungen: Auswirkungen auf die psychische Gesundheit und die Familienbeziehungen

Seit den dreißiger Jahren des vorigen Jahrhunderts zeigten Studien, dass sich ökonomische Härten nicht nur negativ auf die direkt Betroffenen, sondern auch auf deren Familien und vor allem auf ihre Kinder auswirken (Liker u. Elder 1983). Eine Reihe von amerikanischen und westdeutschen Studien belegen einen Zusammenhang zwischen ökonomischer Situation der Familie und psychischem Wohlbefinden von Jugendlichen (z. B. Silbereisen et al. 1990). Kinder ökonomisch belasteter Eltern hatten beispielsweise ein erhöhtes Risiko für depressive Stimmungen (Conger et al. 1993). Die wahrgenommene wirtschaftliche Belastung führt zunächst zu depressiven Symptomen bei beiden Eltern. Diese elterliche Depressivität war der Hauptmechanismus, durch den sich finanzielle Probleme in der Folge dann auf die Qualität der elterlichen Ehe und über diese auf die Eltern-Kind-Beziehung auswirkten.

Die Untersuchung der Konsequenzen ökonomischer Deprivation hat seit Anfang der neunziger Jahre des vorigen Jahrhunderts an Aktualität gewonnen, da offene und verdeckte (z. B. Kurzarbeit, AB-Maßnahmen) Arbeitslosigkeit seit der deutschen Wiedervereinigung vor allem im Osten des Landes sprunghaft angestiegen sind. In einer früheren Studie von Noack und Kracke (1997), die Daten aus dem Jahr 1992, kurz nach der Wende, einbezog, fand man zunächst noch keine direkten Zusammenhänge zwischen ökonomischen Belastungen (wie Arbeitslosigkeit, subjektiven Kaufkraftveränderungen) und Depressivität der Jugendlichen in den davon betroffenen Familien.

In einer Studie an neueren Daten untersuchten daher Forkel et al. (2001) die Auswirkungen ökonomische Belastungen auf depressive Stimmungen bei Jugendlichen aus den alten und neuen Bundesländern. Sie bezogen 202 vollständige Familien aus den alten und 102 vollständige Familien aus den neuen Bundesländern ein. Das Pro-Kopf-Einkommen, materielle Bedürfnisse und wirtschaftliche Belastungen der Familien wurden erfasst, ferner die Stabilität der Arbeitssituation und Einkommensveränderungen. Des Weiteren wurden depressive Verstimmungen bei Eltern und Jugendlichen sowie das Familienklima erhoben. In der Gruppe westdeutscher Jugendlicher ließ sich die depressive Verstimmung sehr gut vorhersagen, und zwar durch die ökonomischen Belastungen, die größeren wirtschaftlichen Einbußen und eine instabile Arbeitssituation. Weiterhin stand die mütterliche depressive Verstimmung mit einem weniger positiven Familienklima in Zusammenhang. Das beeinträchtigte Familienklima wiederum war mit höherer depressiver Verstimmung der Jugendlichen assoziiert. Bei ostdeutschen Familien ließ sich nur das Pro-Kopf-Einkommen als entscheidender Faktor herausfiltern, und zwar wirkte er auf die Depression von Müttern. Es waren keine direkten Beziehungen zwischen ökonomischen Belastungen und dem Wohlbefinden der Jugendlichen festzustellen. Wie kann man dieses überraschende Ergebnis erklären? Arbeitslosigkeit, Abwärtsmobilität und deren Konsequenzen treten im Osten im Gegensatz zum Westen als Massenphänomene auf. Möglicherweise suchten die betroffenen Familien die Ursachen außerhalb, etwa den Zusammenbruch der ostdeutschen Wirtschaft, was als Schutz gegen Beeinträchtigung der psychischen Gesundheit wirken kann.

Arbeitslosigkeit und Bildungschancen der Kinder

Arbeitslosigkeit und damit einhergehende sozioökonomische Deprivation veränderten vor allem das Leben und den Alltag vieler ostdeutscher Familien (Nietfeld u. Becker 1999). Bei Eintritt der Arbeitslosigkeit und damit verbundenen Einkommensverlusten sind die Familien gezwungen, sich den neuen Bedingungen einer solchen krisenhaften Situation anzupassen. Insbesondere Jugendliche müssen sich an die neue Lebenssituation gewöhnen. Die materielle Umwelt ist insofern von Bedeutung, als sie die Qualität und den Umfang der möglichen Lernerfahrungen bestimmt.

Empirische Studien belegen, dass Kinder in einer besonderen Weise von der Arbeitslosigkeit ihrer Eltern betroffen sind (Silbereisen u. Walper 1989). Finanzielle Einschränkungen sind die Regel, Umzüge in kleinere Wohnungen häufig. Für das Wohlbefinden der Familie und die Persönlichkeitsentwicklung der Kinder wird vor allem eine zu hohe Dichte und Enge der Wohnung als problematisch hervorgehoben. Beengte Wohnungen und die Tatsache, keinen eigenen Raum für sich beanspruchen zu können, insbesondere auch für Jugendliche, können neben den Beeinträchtigungen der Familienbeziehungen auch die persönliche Entwicklung negativ beeinflussen. Kinder erfahren oftmals neben den finanziellen Einschränkungen, den häufigen Konflikten innerhalb der Familie und der zunehmenden Ausgrenzung von der Teilhabe an soziokulturellem Leben auch Defizite in ihrer gesundheitlichen, psychischen und emotionalen Entwicklung (Becker u. Nietfeld 1999). Für eine erfolgreiche Bewältigung der krisenhaften Situation ist das Umfeld der Familie und der Kinder (das Wohnumfeld, strukturelle Merkmale des Stadtviertels, die Qualität der Nachbarschaften) von ganz entscheidender Bedeutung (Duncan u. Brooks-Gunn 1997).

Es bleibt die Frage, in welcher Weise sich die Arbeitslosigkeit der Eltern auf die schulischen Leistungen und die Bildungschancen ihrer Kinder auswirkt. Heintze (2004) hat dies in einer postalischen Befragung an 962 Dresdener Familien untersucht. Dabei wurden die Erwerbsbiografie der Eltern, die Qualität der Eltern-Kind-Beziehung, die psychosoziale Verarbeitung krisenhafter Ereignisse, die Wohnumweltbedingungen verschiedener Dresdener Stadtteile sowie die kognitive und soziale Entwicklung der Kinder erhoben. Die Arbeitslosigkeit in Dresden nimmt im Vergleich zum übrigen Ostdeutschland und Sachsen seit Jahren eine deutliche Ausnahmestellung ein. Im Jahre 2003 betrug sie in Ostdeutschland 20 %, in Sachsen 19 %, in Dresden 15 %. Trotz der insgesamt günstigeren Dresdener Arbeitsmarktentwicklung hat sich die Arbeitslosigkeit auch in der sächsischen Landeshauptstadt zu einem gravierenden Problem entwickelt. Anhand der Daten lässt sich zeigen, dass von den Kindern und Jugendlichen mehr als die Hälfte in einer Familie aufwachsen, in der seit der Wende 1989 mindestens ein Elternteil bereits einmal Erfahrung mit Arbeitslosigkeit gemacht hat oder gerade von Arbeitslosigkeit betroffen ist. In dieser Studie waren 42 % Kinder, deren Eltern in der Vergangenheit mit Arbeitslosigkeit konfrontiert wurden, und 15 % Kinder, deren Eltern zum Zeitpunkt der Befragung gerade arbeitslos waren.

Von den 600 in die Analyse einbezogenen Kindern und Jugendlichen haben 9 % als Bildungsweg die Hauptschule, 40 % die Realschule bzw. in Sachsen die Mittelschule und 50 % das Gymnasium gewählt. Die Arbeitslosigkeitserfahrung der Eltern schien für den Bildungsweg der Kinder nur eine marginale Rolle zu spielen. Es gab nur geringe Unterschiede zwischen den Bildungschancen von Kindern und Jugendlichen, deren Eltern noch nie von Arbeitslosigkeit betroffen waren, und Kindern und Jugendlichen, deren Eltern schon einmal Erfahrung mit Arbeitslosigkeit machen mussten.

Allein erziehend – allein gelassen? Die psychosozialen Beeinträchtigungen allein erziehender Mütter und ihrer Kinder

Im Jahr 2003 lebten in Deutschland ca. 9,08 Millionen Eltern-Kind-Gemeinschaften mit ca. 16,48 Millionen Kindern unter 18 Jahren. Der Anteil der verheirateten Paare an Familien mit Kindern unter 18 Jahren betrug in dem Jahr 75,7 % (6,87 Millionen); somit wächst nach wie vor der überwiegende Teil aller Kinder (79,48 %; 13,1 Millionen) bei einem verheirateten Paar auf. Der Anteil der allein Erziehenden an den Familien mit Kindern unter 18 Jahren stieg von 8 % (1970) auf 16,92 % (1,54 Millionen in 2003) (Statistisches Bundesamt 2004). Folglich wachsen 14,46 % aller Kinder unter 18 Jahren (2,38 Millionen) bei einem allein erziehendem Elternteil auf. Unter den allein Erziehenden mit Kindern unter 18 Jahren überwiegen nach wie vor die Mütter mit einem Anteil von 87,24 %. Der Familienstatus der allein erziehenden Mütter mit Kindern unter 18 Jahren ist heterogen: Davon sind 60,30 % getrennt oder geschieden, 32,39 % sind ledig und 7,31 % sind verwitwet (Statistisches Bundesamt 2004). Nach Angaben des Statistischen Bundesamtes steigt die Zahl der Ehescheidungen kontinuierlich.

Ein Großteil der allein Erziehenden in Deutschland ist einer gravierenden ökonomischen Mangelsituation ausgesetzt (Stegmann 1997). Die weiblichen allein Erziehenden mit Kindern unter 18 Jahren machten Ende 1998 22 % aller Sozialhilfeempfänger aus. Laut Palentien et al. (1999) lebten 40 % der allein Erziehenden in Haushalten mit relativer Armut unter der Hälfte des Äquivalenzeinkommens. Am Jahresende 2003 bezogen rund 352 000 Haushalte allein erziehender Mütter Sozialhilfe im engeren Sinne, das heißt laufende Hilfe zum Lebensunterhalt außerhalb von Einrichtungen. Das sind 4 % mehr als im Vorjahr. Damit bezog mehr als jede vierte (26 %) allein Erziehende Sozialhilfe. Je mehr Kinder eine allein erziehende Mutter hatte, desto eher erhielt sie Sozialhilfe. So sind von den Haushalten allein erziehender Mütter mit einem Kind 22 % von Sozialhilfe betroffen, von denen mit zwei Kindern 31 % und von denen mit drei und mehr Kindern mehr als die Hälfte (51 %) (Statistisches Bundesamt 2004). Das Armutsrisiko ist jedoch in den einzelnen Ländern unterschiedlich. In England leben etwa 58 % allein Erziehende in Armut, in Schweden dagegen nur 10 %.

Studien zur psychosozialen und gesundheitlichen Situation allein erziehender Mütter stammen zumeist aus dem angelsächsischen Sprachraum. Dabei wurde bei allein erziehenden Müttern ein erhöhtes Risiko für das Auftreten verschiedener Erkrankungen und psychosozialer Belastungen gefunden. Nach Ringbäck Weitoft et al. (2000) besteht bei geschiedenen und getrennt lebenden Personen ein erhöhtes Risiko für psychiatrische Erkrankungen, Suizide, Unfälle, Alkoholismus und körperliche Erkrankungen. Diese Autoren fanden ein um 70 % erhöhtes Mortalitätsrisiko von allein Erziehenden auch nach Berücksichtigung des sozioökonomischen Status und vorher bestehender Erkrankungen. Eine erhöhte Beeinträchtigung durch Depressivität und Angst bei allein Erziehenden wurde auch in anderen Ländern wie Kanada, den USA, Großbritannien, China und Porto Rico gefunden (vgl. zusammenfassend Franz u. Lensche 2003). In einer deutschen Erhebung (Franke et al. 2001) an 850 Personen zur Prävalenz von Abhängigkeitserkrankungen bei Frauen waren unter den Frauen mit einem hohen oder sehr hohen Alkoholkonsum allein Erziehende mit 58 % deutlich überrepräsentiert gegenüber Frauen, die mit ihrem Kind und einem Partner zusammen lebten (36 %). Wenngleich die stärkere gesundheitliche Beeinträchtigung allein Erziehender in zahlreichen Untersuchungen belegt ist, finden sich in der Literatur auch Hinweise darauf, dass viele allein Erziehende ihre alltäglichen Anforderungen gut bewältigen (Schwarz u. Gödde 1999). Eine bessere Ausbildung, ein gesichertes Arbeitsverhältnis sowie umfangreiche und supportive Netzwerke werden als protektive Faktoren für geringere Depressivität und Ängste sowie besseres Wohlbefinden allein Erziehender beschrieben. Auch das Ausmaß der Konflikte mit dem anderen Elternteil vor und nach der Trennung sowie Verhaltensauffälligkeiten der Kinder in Folge der Trennung sind zu bedenken.

In einer aktuellen Übersicht resümiert Amato (2000) bezüglich der Heterogenität der längerfristigen Verarbeitung der Trennungsfolgen, dass in einer Subgruppe der allein Erziehenden eine Rekompensation erfolgt, wohingegen in einer zweiten Subgruppe lang andauernde gesundheitliche Probleme resultieren (»chronic strain model«). Danach umfasst die erste Gruppe 50 %, die zweite dagegen 25 % der allein Erziehenden. Einige Befunde weisen darauf hin, dass erhöhte ökonomische, psychosoziale und gesundheitliche Belastungen allein erziehender Mütter sich auch auf das Wohlbefinden und Verhalten ihrer Kinder auswirken können (Amato 2000). Bekannte Risikofaktoren für die spätere Entwicklung eines Kindes sind häufig mit einer psychischen und sozialen Überforderung oder gesundheitlichen Beeinträchtigung ihrer Mütter verknüpft. Hierzu zählen psychische Störungen und schwere körperliche Erkrankungen der Mütter (Egle u. Hoffmann 1997; Werner u. Smith 1992), chronische elterliche Disharmonie (Amato u. Booth 2001), berufsbedingte Abwesenheit der Mütter (Baydar u. Brooks-Gunn 1991) und niedrige Schulbildung der Mutter (Werner u. Smith 1992). Die vorliegenden Untersuchungen erlauben insgesamt den Schluss, dass Einflüsse, welche die Mütter in ihrer mütterlichen Fürsorge und Bindungsfähigkeit beeinträchtigen können, zu einem erhöhten gesundheitlichen Risiko der Kinder beitragen (Egle u. Hoffmann 1997).

Auch das Fehlen des Vaters in den kritischen Entwicklungsjahren wurde in vielen epidemiologischen Untersuchungen als ein Risikofaktor für spätere psychische oder psychosomatische Beeinträchtigungen im Erwachsenenalter beschrieben (Werner u. Smith 1992; Franz et al. 1999). Allerdings scheint in den Fällen, in denen vor einer Trennung oder Scheidung in der elterlichen Beziehung ein chronifizierter, gravierender Partnerkonflikt bestand, eher die konflikthafte Elternbeziehung als allein die Trennung vom Partner einen negativen Einfluss auf das spätere Erkrankungsrisiko zu besitzen (Amato u. Booth 2001).

Nach der elterlichen Trennung sind Kinder allein erziehender Mütter häufig bestimmten Risiken ausgesetzt, wie verschlechterte sozioökonomische Lage und Wohnsituation, erhöhtes Risiko für Lernstörungen (Hogan et al. 1997), Verhaltensstörungen (insbesondere bei Jungen), Nachlassen der schulischen Leistungen (McLanahan 1999), Schulabbruch und Arbeitslosigkeit. In einer schwedischen epidemiologischen Studie an ca. 1 Million Kindern und Jugendlichen konnten Ringbäck Weitoft et al. (2000) ebenfalls stark erhöhte Erkrankungsrisiken für Kinder aus Ein-Eltern-Familien für psychiatrische Erkrankungen, Suizidalität, Unfälle, Suchtstörungen, auch nach Berücksichtigung der Schichtvariablen, insbesondere bei Jungen nachweisen. Symptom verstärkend wirkt eine negativ erlebte Mutter-Kind-Beziehung oder negativ erlebte Beziehung zum Vater (Schmidt-Denter u. Beelmann 1997). Das Ausmaß elterlicher Konflikte vor und nach einer Trennung gehört zu den gut gesicherten Einflussfaktoren auf das kindliche Wohlbefinden.

Die gesundheitliche Situation allein Erziehender und ihrer Kinder sowie mögliche Einflussfaktoren wurden im deutschen Sprachraum bislang kaum an epidemiologischen Stichproben erforscht. Franz und Lensche (2003) erhoben in Düsseldorf eine komplette Kohorte von Schulanfängern (Rekrutierung 98 %, N = 5048). Die allein erziehenden Mütter und ihre Kinder wurden mit einer Kontrollgruppe verheirateter Mütter (N = 278) hinsichtlich der psychischen Belastungen mit der Symptom-Checkliste von Derogatis (SCL 90-R) und der Child Behavior Checklist (CBCL) verglichen. In dieser Stichprobe von über 5000 Kindern lebten 18 % in Ein-Eltern-Familien. Der soziale Status (in Hinblick auf Einkommen, Bildung und Sozialhilferate) der allein erziehenden Mütter, insgesamt 891, war erniedrigt, und die psychische Belastung im Vergleich zur Kontrollgruppe deutlich erhöht. Signifikant verhaltensauffällig waren lediglich die Jungen der allein erziehenden Mütter. Der Anteil der Mütter, die ein monatliches Gesamthaushaltsnettoeinkommen von pauschal 2500 Euro angaben, betrug bei den allein Erziehenden 2 %, in der Kontrollgruppe 27 %. Die psychosomatischen Beeinträchtigungen waren bei den allein erziehenden Müttern doppelt so hoch wie in der Kontrollgruppe. Besonders hoch waren die Depressivitätswerte. Allein erziehende Mütter machen sich ungewöhnlich häufig Sorgen (27 % gegenüber 9 %), waren doppelt so nervös (23 % gegenüber 11 %), klagten häufiger über Einschlafschwierigkeiten (22 % gegenüber 9 %), Einsamkeitsgefühle (22 % gegenüber 5 %) und Schlafstörungen (22 % gegenüber 11 %).

Ethnische Herkunft und Migration: Akkulturationsstress

Das Kontextmodell der Entwicklung von Lerner und Castellino (2002) hat als neue Lebensbedingung von Jugendlichen unter anderem insgesamt abnehmende Raten von Jugendlichen am Anteil der Gesamtbevölkerung bei gleichzeitig stärkerer ethnischer Diversität hervorgehoben. Nachdem »Gastarbeiter« aus Südeuropa schon seit den sechziger Jahren des vorigen Jahrhunderts zum gewohnten Bild in Deutschland gehören, ist es in den letzten Jahren verstärkt zur Zuwanderung von Familien aus den östlichen, ehemals kommunistisch regierten Ländern gekommen, ebenso zur Zuwanderung von Familien mit islamischem Hintergrund, vorzugsweise aus dem türkischen Sprachraum. Multikulturell zusammengesetzte Klassen sind in vielen Schulen, vor allen in den Großstädten und Ballungsräumen, eine Erfahrung, die viele Schüler machen (vgl. Kapitel 5). Zugleich wurde anhand der Darstellung der Befunde zu den PISA-Studien deutlich, dass die einzelnen Länder in ganz unterschiedlicher Weise von Migration betroffen sind. Deutschland zählt zu den Ländern mit einem vergleichsweise hohen Ausländeranteil. Immer wieder gibt es Presseberichte, die dies »ausschlachten«, wenn etwa behauptet wird, in Berlin gäbe es Grundschulen, in denen kein einziger Schüler deutscher Herkunft sei.

Während die Frage, wie sich deutsche Schüler in ethnisch gemischten Klassen fühlen, selten Gegenstand wissenschaftlicher

Studien war, gibt es einige Studien, die sich mit Akkulturationseffekten beschäftigen. In der Regel fand man einen schlechteren Gesundheitszustand und höhere Belastungswerte bei ausländischen Jugendlichen, so in der Studie von Jerusalem (1992). Für türkische Jugendliche etwa sind gleichaltrige deutsche Jugendliche eine relevante Bezugsgruppe, da sie mit diesen im Leistungs- und Sozialbereich konkurrieren müssen. Dabei schneiden ausländische Jugendliche auf Grund ihres Minderheitenstatus sowie ihrer Sprach- und Bildungsdefizite eher schlechter ab. Folge dieser wahrgenommenen Unterlegenheit ist eine Beeinträchtigung des Selbstwertgefühls. Eine gute Schulbildung kann einen protektiven Faktor gegenüber migrationsspezifischen Stressoren darstellen, während ein geringes Bildungsniveau die Vulnerabilität der betroffenen Person verstärkt. Vor allem geringe Sprachkompetenz ist laut der Studie von Jerusalem (1992) sehr belastend. Sie ging einher mit höherer Ängstlichkeit, mehr Einsamkeit, einem schlechteren Selbstwertgefühl und sozialer Unsicherheit. In einer früheren Studie hatten Jerusalem und Schwarzer (1989) die Bewältigungsfertigkeiten von deutschen und türkischen Jugendlichen verglichen. Sie fanden höhere Werte im emotionsorientierten Coping bei türkischen Jugendlichen, was als indirekter Hinweis darauf zu verstehen ist, dass diese Jugendlichen unter starkem Stress stehen.

Höhere Stresswerte bei Jugendlichen, deren kultureller Kontext sich verändert hatte, wurden in vielen Studien gefunden. Romero und Roberts (2003) untersuchten den Einfluss des bikulturellen Kontextes bei Jugendlichen mexikanischer Herkunft in den USA. Latinos leben in einer dualen kulturellen Welt, Sprachprobleme, Diskrimination und Generationsprobleme bei unterschiedlichen Werten sind häufig. 881 Sechs- bis Achtklässler mexikanischen Ursprungs nahmen an ihrer Studie teil. Davon sprachen 21 % nur Englisch (Mexican-American), 11 % nur Spanisch (Mexico-Nationals) und 64 % sprachen beide Sprachen. Die in den USA Geborenen berichteten signifikant weniger Stressoren als die Emigrierten. Sie gaben an, dass die Kultur ihrer Eltern sie von der amerikanischen Kultur fernhalten würde, was sie als sehr belastend erlebten. Stressoren klärten 9 % der Varianz der depressiven Symptome dieser »emigrant youth« auf, dass heißt bikultureller Stress war auch mit mehr depressiven Symptomen in dieser Gruppe assoziiert.

»Kosten« der veränderten Lebensbedingungen und die Kumulierung von Stressoren

Es ist deutlich geworden, dass der Entwicklungskontext für alle heute lebenden Jugendlichen deutlich verändert ist etwa gegenüber den Lebensbedingungen von Jugendlichen der achtziger und neunziger Jahre des vergangenen Jahrhunderts. Diese Veränderungen haben »Kosten«, wie sich an den zu Beginn dieses Kapitels berichteten gestiegenen Raten für psychische Auffälligkeiten festmachen lässt. Zugleich ist aber auch auffallend, dass sich in bestimmten Subgruppen die Stressoren häufen. So sind etwa Kinder und Jugendliche von allein erziehenden Müttern gleichzeitig von ökonomischen Einbußen, Umzug, Klassenwechsel und damit Wechsel der Bezugsgruppe, seltenerem oder unregelmäßigem Kontakt mit den Vater, Arbeitslosigkeit oder Wiederaufnahme der Berufstätigkeit der Mutter bei fehlender Fremdbetreuung betroffen. Jeder dieser Stressoren für sich kann bereits die psychische Befindlichkeit von Kindern und Jugendlichen beeinträchtigen. Die Situation stellt sich anders dar für allein erziehende Väter, die in der Regel ökonomisch besser gestellt und gesundheitlich kaum beeinträchtigt sind (Seiffge-Krenke 2001). Jugendliche mit Migrationshintergrund und Jugendliche, deren Eltern von Arbeitslosigkeit betroffen sind bzw. deren Familien ökonomische Härten durchmachen, sind ebenfalls besonders gefährdet. In Inanspruchnahmepopulationen von Beratungsstellen für Eltern, Kinder und Familien sind diese Gruppen überrepräsentiert. Multiple, sich zum Teil wechselseitig bedingende Faktoren wie die Arbeitslosigkeit der Eltern, Ausübung eines ungelernten oder angelernten Berufs, fehlender Schulabschluss der Eltern, geringes familiäres Einkommen, beengte Wohnverhältnisse wurden in mehreren Studien als Risikofaktoren für die Entwicklung psychischer Auffälligkeiten bei Kindern und Jugendlichen genannt (z. B. Duncan u. Brooks-Gunn 1997; Offord et al. 1992; Wittchen et al. 1998).

Zusammenfassung

Gesellschaftlicher Umbruch und die Veränderung traditioneller Werte bieten neue Chancen für Jugendliche, erfordern aber auch verstärkte Aktivitäten. Leistungsdruck und Leistungsanstrengungen haben zugenommen, die eigene berufliche Zukunft wird jedoch auf Grund der allgemeinen wirtschaftlichen Lage zunehmend ungewisser. Hinzu kommen familienstrukturelle Veränderungen und Belastungen wie eine zunehmende Zahl allein erziehender, armer oder arbeitsloser Eltern. Alle diese Veränderungen zusammengenommen verursachen gesundheitliche »Kosten« für die Jugendlichen, wie dieses Kapitel unter besonderer Berücksichtigung der Jugendlichen in Ost- und Westdeutschland verdeutlicht.

4 Die Bewältigungskompetenz deutscher Jugendlicher bei Stress in Schule und Elternhaus

Belastende Ereignisse (oder Stressoren) sind ubiquitär und zählen zu den häufigen und prägenden Erfahrungen im Leben von Jugendlichen. Dem Umgang mit diesen Belastungen, das heißt dem Bewältigungsverhalten (Coping), kommt daher in diesem Entwicklungsabschnitt eine zentrale Bedeutung zu. Die PISA-Studien haben sehr stark auf einzelne Schulleistungen wie Lesen und Mathematik fokussiert und eine sehr eingeschränkte, naturwissenschaftlich dominierte Sicht von »Kompetenz« vertreten. Diesem Buch liegt dagegen ein umfassender, komplexer Begriff von Kompetenz zugrunde, der die Bewältigung einer Vielzahl von alltäglichen Problemen umfasst, die über schulische Leistungsanforderungen hinausgehen. Diese Bewältigungskompetenz ist eine entscheidende Variable, die bestimmt, wie zukünftige Herausforderungen gemeistert werden. Des Weiteren ist bekannt, dass Stress die Leistungsfähigkeit beeinträchtigt und langfristige gesundheitliche Folgen hat (vgl. Kapitel 5). Stresserleben und Bewältigung hängen unmittelbar zusammen, denn nur Ereignisse, die als stressreich erlebt werden, fordern uns zur Bewältigung heraus. In diesem Kapitel geht es um das Stresserleben und die Bewältigungskompetenz deutscher Jugendlicher im internationalen Vergleich. Dazu werden Auskünfte von 9778 Jugendlichen aus 18 Ländern miteinander in Beziehung gesetzt.

Inzwischen gibt es zahlreiche Studien, die zeigen, dass die soziale Lebenswelt von Jugendlichen durch sehr hohe äußere Anforderungen besonders in den Bereichen Familie und Schule geprägt ist (Mansel u. Hurrelmann 1994; Narring et al. 2004; Flammer et al. 1997). Aus den vielfältigen Stressoren, denen sich Jugendliche gegenübersehen und die sie bewältigen müssen, wurden daher Belastungen in der Schule und in der Familie ausgewählt, die überdies häufig miteinander in Beziehung stehen. Internationale Studien, die Schulstress zum Gegenstand haben, häufen sich in den letzten Jahren (vgl. Kapitel 5). Ihnen zufolge stellt Schulstress für Jugendliche in vielen Ländern der Welt ein großes Problem dar, dessen gesundheitliche Folgen erkannt wurden. Es existieren jedoch noch keine Vergleichsstudien, die es erlauben, schulspezifischen Stress bei Jugendlichen aus verschiedenen Regionen der Welt miteinander zu vergleichen. Auch ist der Bezug zu familiären Stressoren unklar, besonders im Kulturvergleich. Obwohl die Familie für Jugendliche neben der Schule eine zentrale Lebensumwelt darstellt (Frydenberg 1999), gibt es kaum kulturvergleichende Studien, die Jugendliche einbeziehen (Kagitcibasi 1990), während zahlreiche Studien zu familiären Aspekten bei Kleinkindern in verschiedenen Ländern vorliegen. Neben diesem Defizit ist auffällig, dass schulische und familiäre Stressoren eng zusammenhängen. Auch dieser Zusammenhang – und die Frage, ob er in allen Ländern gleich groß und bedeutsam ist – verdient eine genauere Analyse anhand von kulturvergleichenden Daten. Zuvor soll jedoch kurz auf die Begriffe Stress und Bewältigungskompetenz eingegangen und wesentliche bisherige Forschungsergebnisse zum Umgang mit Stress im Jugendalter zusammengefasst werden.

Die enge Verzahnung von Stress und Bewältigung

Ganz entscheidend für das Verständnis der Stressbewältigung ist die Tatsache, dass die beiden Konstrukte, Stress und Bewältigung, unmittelbar aufeinander bezogen sind: Nur wenn Stress wahrgenommen wird, setzen Initiativen zur Bewältigung ein. Lazarus und Folkman (1984, S. 19) definieren *Stress* als »ein spezifisches Verhältnis zwischen einer Person und seiner Umwelt, das von dem Individuum als herausfordernd und seine Ressourcen übersteigend angesehen wird und somit eine Bedrohung für das persönliche Wohlergehen darstellt.« Stressoren sind Ereignisse, die von einer Person bewusst oder unbewusst als stressreich bewertet werden und daher immer subjektiv. Personen unterscheiden sich sehr stark darin, was sie als stressreich erleben (Seiffge-Krenke et al. 1989).

Der berühmte amerikanische Stress- und Coping-Forscher Lazarus ist der Meinung, dass man als erste Reaktion auf einen Stressor eine grobe Einschätzung des Belastungsgrades (primary appraisal) vornimmt. Eine stressauslösende Situation kann entweder als Bedrohung (threat), Schaden (harm), Verlust (loss) oder Herausforderung (challenge) wahrgenommen werden. Diese Unterscheidung ist im schulischen Bereich besonders wichtig, weil sich herausgestellt hat (vgl. Kapitel 5), dass bedrohliche Ereignisse (z. B. eine drohende Nichtversetzung) genauso viel Bewältigungskompetenz erfordern wie Verlustereignisse (z. B. die Klassenwiederholung), aber gravierendere gesundheitliche Folgen haben.

Als Folge dieser ersten Einschätzung klärt das Individuum seine Bewältigungsressourcen (secondary appraisal). Das als Reaktion auf den Stressor gezeigte Bewältigungsverhalten (Coping) ist eine Folge dieser erneuten Einschätzung. Lazarus und Folkman (1984, S. 141) definieren Coping als »kognitive oder verhaltensbezogene Bemühungen, um spezifische externale und/oder internale Anforderungen zu bewältigen, die als herausfordernd und die persönlichen Ressourcen bedrohend wahrgenommen werden.« Nach Ansicht von Compas, einem amerikanischen Copingforscher, der sich besonders mit dem Bewältigungsverhalten von Jugendlichen beschäftigt hat, umfasst dies eine große Breite von Verhaltensweisen, und zwar alle bewussten und willentlichen Anstrengungen als Reaktion auf belastende Ereignisse, regulierend auf Emotionen, Kognitionen, Verhalten, physiologische Erregung und die Umwelt einzuwirken (Compas et al. 2001). Coping zielt also auf die Reduktion von Stress, der aus der Konfrontation mit fordernden oder überfordernden Ansprüchen resultiert. Dabei interagieren Merkmale der Person, etwa die Bewertung, was in Abhängigkeit von eigenen früheren Lebenserfahrungen als belastend wahrgenommen wird, mit Merkmalen der Situation wie beispielsweise der Kontrollierbarkeit und der Vorhersehbarkeit der Situation (Perrez u. Reichert 1992). Wenig kontrollierbare, wenig vorhersehbare Situationen werden als besonders belastend eingeschätzt.

Unterschiedliche Typen von Stressoren

In der Vergangenheit hat die Stress- und Copingforschung an Jugendlichen – häufig unter Einbeziehung klinischer Stichproben – die Bewältigung von selten auftretenden kritischen Lebensereignissen, wie Scheidung der Eltern, ungewollte Schwangerschaft, das Auftreten einer schweren, häufig unheilbaren Erkrankung, der Tod einer nahe stehenden Person oder sogar traumatischen Erfahrungen wie Kriegserfahrungen, Vergewaltigungen und Ähnliches untersucht (Chaffin et al. 1997; Chelf u. Ellis 2002; Drapeau et al. 1999; Jeney-Gammon et al. 1993; Rask 2002). Die Ergebnisse, die an den sehr kleinen, homogenen Stichproben gewonnen wurden, die einem seltenen und sehr belastenden Stressor ausgesetzt waren, ließen natürlich keine repräsentativen Aussagen über das Bewältigungsverhalten von »normalen« Jugendlichen zu (Seiffge-Krenke 1995).

Sehr viel häufiger als schwere Belastungen wie kritische Lebensereignisse oder sogar traumatische Erfahrungen treten dagegen so genannte normative oder alltägliche Stressoren wie Auseinandersetzungen mit den Eltern, Streitereien mit Freunden oder Probleme in der Schule auf (Seiffge-Krenke 1995). Faktorenanalysen konnten zeigen, dass sich die in der Phase der Adoleszenz berichteten normativen Stressoren den folgenden Bereichen zuordnen lassen: Schule, Eltern, Freunde, romantische Beziehungen und Zukunft sowie Stressoren, die die eigene Person betreffen. Dabei beinhalten mehr als 80 % der von Jugendlichen berichteten Alltagsstressoren eine Beziehungskomponente (Seiffge-Krenke 2006a). Diese Alltagsstressoren erwiesen sich dabei aufgrund ihres häufigen und wiederkehrenden Charakters als entscheidendere Prädiktoren für die Genese psychischer Störungen als kritische Lebensereignisse. Verschiedene internationale Studien zeigen nämlich einheitlich, dass Alltagsstressoren um $r = .61$ mit dem Auftreten depressiver Störungen bei Jugendlichen korrelieren, während kritische Lebensereignisse dagegen nur einen Zusammenhang von $r = .19$ aufweisen (Sandler et al. 1997; Seiffge-Krenke u. Stemmler 2002). Die kompetente Bewältigung von Alltagsstress kann demnach als ein Schutzfaktor für psychisches und körperliches Wohlbefinden angesehen werden.

Die Untersuchung von weniger schwerwiegenden, dafür aber häufiger auftretenden Belastungssituationen erbrachte andere Befunde als die Analyse der Bewältigung kritischer Lebensereignisse oder schwerer Traumata. Es liegt auf der Hand, dass bei der Auseinandersetzung mit schweren Stressoren Abwehrmechanismen relativ häufig sind. Die empirische Untersuchung der Alltagsbewältigung im Jugendalter an »normalen« Stichproben zeigte dann ein deutlich positiveres Bild als die früheren Copingstudien an Jugendlichen unter Extrembelastungen. Die meisten Jugendlichen sind nämlich erfolgreiche Bewältiger dieser Alltagsstressoren, und eine gute Anpassung an die sich wandelnde Lebenssituation stellt eher die Norm als die Ausnahme dar (Seiffge-Krenke 1989; 1995, Seiffge-Krenke et al. 2001). Diese Befunde unterstützen neuere theoretische Konzeptualisierungen des Jugendalters. Während ältere Theorien von einem äußerst konfliktreichen Verlauf des Jugendalters sprachen (mit Konzepten wie »Sturm und Drang«, »Identitätskrise« und »Generationskonflikt«), geht man heute von einer kontinuierlichen und progressiven Weiterentwicklung der Bewältigungskompetenz mit zunehmendem Alter aus.

Unterschiedliche Bewältigungsstile und der Einfluss der Stresssituation

Die Forschung hat unterschiedliche Bewältigungsstile im Umgang mit Stressoren gefunden. Während Lazarus und Folkman (1984) zwischen problem- und emotionsorientiertem Coping unterscheiden, schlagen Ebata und Moos (1994) die Unterscheidung in Annäherungs- und Vermeidungsverhalten vor. Andere Autoren gehen von mehr als zwei Dimensionen aus. Das dreidimensionale Copingmodell von Seiffge-Krenke (1995), welches die Grundlage der kulturvergleichenden Studie bildet, unterscheidet zwischen problemzugewandten, lösungsorientierten Ansätzen (aktives Coping), kognitiv-reflektierenden Problemlösestrategien (internales Coping) und dysfunktionalen Rückzugsstrategien (Rückzug).

Während man lange Zeit der Ansicht war, dass das Bewältigungsverhalten eher von Persönlichkeitseigenschaften und individuellen Dispositionen abhängt (Seiffge-Krenke et al. 1989), konnte insbesondere in Bezug auf Jugendliche wiederholt gezeigt werden, dass das Copingverhalten wesentlich von dem zu bewältigenden Stressor abhängt, also situationsabhängig ist (z. B. Band u. Weisz 1988; Repetti et al. 1998; Spirito et al. 1991; Williams u. McGillicuddy-De Lisi 2000). So reagierten Jugendliche beispielsweise auf Beziehungsstress recht häufig mit aktivem, lösungsorientiertem Coping, und zwar unabhängig davon, ob es sich um Probleme mit den Eltern, Freunden oder romantischen Partnern handelte (Seiffge-Krenke 2005a). Auf Stress in der Schule reagieren sie wesentlich häufiger mit Rückzugsstrategien als bei Problemen im Freundeskreis (Seiffge-Krenke 1995). Besonders hohe Werte in der Reflexion über Lösungsmöglichkeiten (internales Coping) zeigten sich im Umgang mit zukunftsbezogenen Problemen (Seiffge-Krenke 1995).

Alters- und Geschlechtsunterschiede in der Stresswahrnehmung und -bewältigung

Der Entwicklungsstand des Jugendlichen – biologisch, kognitiv, sozial und emotional – begründet und begrenzt zugleich die Gestalt dieser Anstrengungen. Die absolute Anzahl der zur Verfügung stehenden Copingstrategien nimmt im Laufe der Adoleszenz zu. Des Weiteren konnte auch eine Veränderung der Copingstile nachgewiesen werden. So wurden Zunahmen in den aktiven und internalen Copingstrategien (Seiffge-Krenke 1993) und emotionsorientierten Copingstrategien (Compas et al. 1988) gefunden. Auch wurde ein Wendepunkt im Bewältigungsverhalten identifiziert (Seiffge-Krenke 1995), der ab dem Alter von 15 Jahren zu beobachten ist. Ab dem Alter von 15 werden bestimmte Copingstrategien häufiger verwendet, so werden verstärkt soziale Ressourcen genutzt, es findet sich eine erhöhte Bereitschaft zur Kompromissfindung in sozialen Konfliktsituationen. Dies wird durch die größeren sozioemotionalen Kompetenzen der Jugendlichen möglich, die die Einsicht in die Befindlichkeiten des Gegenübers und verstärkte Fähigkeiten zur Regulierung negativer Emotionen umfassen (Seiffge-Krenke 2002). Saarni (1997) hat die zunehmenden Fähigkeiten zur Verarbeitung von negativen Emotionen wie Angst, Scham und Wut beschrieben, speziell die Fähigkeit von Jugendlichen, das Erscheinen dieser Emotionen auf dem Gesicht zu verhindern (»display rules«), um das Gegenüber nicht zu kränken oder zu irritieren.

Auch die Entscheidung, wann etwas als belastend eingeschätzt wird, ist ab diesem Alter zunehmend von der spezifischen Situation abhängig. Mit zunehmender Reifeentwicklung treten Veränderungen der Bewertungsmaßstäbe ein, die die Stresswahrnehmung beeinflussen. Die gut dokumentierten Veränderungen in der geistigen Entwicklung (Piaget 1969) üben einen nicht zu vernachlässigenden Einfluss auf die Art der Situationswahrnehmung, der Situationsbewertung und die zur Verfügung stehenden Bewältigungsalternativen aus. Dazu zählt die Fähigkeit, Konsequenzen der eigenen Verhaltensweisen langfristig zu antizipieren. Aber auch die einzelnen »Stressthemen« sind in den verschiedenen Phasen der Adoleszenz unterschiedlich virulent. Jeder Abschnitt in der Adoleszenz geht also mit bestimmten Konflikten einher. Während in der frühen Adoleszenz insbesondere familienbezogene Stressoren prominent sind (Wagner u. Compas 1990), gewinnen in der mittleren Adoleszenz Konflikte mit Freunden und Schulstressoren an Bedeutung. Stressoren in Bezug auf erste romantische Beziehungen und den Umgang mit dem anderen Geschlecht werden insbesondere in der mittleren und späten Adoleszenz berichtet (Seiffge-Krenke 1995).

Die sich bei der Stresswahrnehmung und dem Bewältigungsverhalten manifestierenden Geschlechtsunterschiede sind ein weiterer interessanter Aspekt. Weibliche Jugendliche erleben beispielsweise ein höheres Ausmaß an Stress in sozialen Beziehungen als männliche Jugendliche (Seiffge-Krenke 2002; Nummer u. Seiffge-Krenke 2001). Vor allem in der frühen Adoleszenz weisen Mädchen ein höheres Stressniveau auf. Dies ist möglicherweise eine Ursache dafür, dass wir bei Mädchen auch höhere Werte in der Symptombelastung haben (vgl. Kapitel 5). Weitere Studien berichten, dass Beziehungsstressoren von Mädchen als belastender erlebt werden (Gibson et al. 1992), wohingegen Geschlechtsunterschiede im Erleben von Freizeit- oder Schulstressoren weniger deutlich ausgeprägt sind (Seiffge-Krenke 1995).

Hinsichtlich der Stressbewältigung konnten ebenfalls wiederholt geschlechtsspezifische Copingmuster identifiziert werden. Dabei unterscheiden sich männliche von weiblichen Jugendlichen sowohl in der Häufigkeit des Gebrauchs einzelner Copingstrategien (Frydenberg u. Lewis 1993, S. 253: »Boys play sport, girls turn to others«) als auch auf der Copingstilebene. In der Regel wurde gefunden, dass weibliche Jugendliche sehr viel häufiger das Problem im direkten Gespräch mit anderen klären und nach Hilfe und Unterstützung beim Anderen suchen. Ihr Bewältigungsverhalten ist auch eher ambivalent, das heißt durch hohe Raten von aktivem Coping *und* Rückzug gekennzeichnet. Männliche Jugendliche dagegen sind weniger aktiv und neigen dazu, ihre Probleme zu verdrängen oder mit Alkohol und Drogen bei Seite zu schieben. Im Rahmen des Kulturvergleichs interessiert nun einerseits die Frage, ob diese Befunde repliziert werden können und zum anderen, ob in einzelnen Ländern die Geschlechtsunterschiede besonders groß sind.

Die kulturvergleichende Stress- und Coping-Studie

In der folgenden Studie wird die Stressbelastung in den Bereichen Eltern und Schule untersucht sowie die Bewältigung von Stressoren aus diesen beiden Bereichen. Stressoren und Bewältigungsstile wurden mit jugendtypischen Messinstrumenten an Jugendlichen aus 18 Ländern erhoben. Natürlich sind die Ergebnisse, die an deutschen Jugendlichen gewonnen wurden, besonders interessant. Der Kulturvergleich soll vier Fragen beantworten: (1) Wie belastend erleben Jugendliche aus diesen Ländern alltägliche Stressoren aus den Bereichen Schule und Eltern? (2) Welche Copingstile werden jeweils angewandt, um Stress in diesen beiden Bereichen zu bewältigen? (3) Zeigen sich Alters- und Geschlechtsunterschiede hinsichtlich der Problembelastung sowie im Bewältigungsstil und unterschieden sich diese in ihrer Art und Stärke in den verschiedenen Ländern? (4) Welchen Einfluss haben familiäre Variablen (wie Familienstand der Eltern, Anzahl der Geschwister) auf Stresswahrnehmung und Bewältigung bei Jugendlichen in den verschiedenen Ländern?

Die Datenerhebung erfolgte an einer umfangreichen Stichprobe von N = 9778 zwölf- bis achtzehnjährigen Jugendlichen aus 18 Ländern; diese wurden in einem späteren Auswertungsschritt nach Regionen zusammengefasst, um den Vergleich zu erleichtern. Es wurden 1177 Jugendliche aus Deutschland (N = 655 aus Westdeutschland und N = 575 aus Ostdeutschland), und – in alphabetischer Reihenfolge – in Ägypten (N = 220), Estland (N = 357), Finnland (N = 523), Griechenland (N = 184), Hongkong (N = 1077), Italien (N = 1081), Kroatien (N = 229), den Niederlanden (N = 411), Pakistan (N = 250), Peru (N = 886), Polen (N = 258), Portugal (N = 594) Russland (N = 384), der Schweiz (N = 998), Südafrika (N = 275), Tschechien (N = 559) und der Türkei (N = 307) befragt. Das Durchschnittsalter betrug – wie bei den PISA-Studien – 15 Jahre (M = 15,3; SD = 1,84). Das Geschlechterverhältnis erwies sich in allen Ländern und für jede Altersgruppe als nahezu ausgewogen, so dass sich in der Gesamtstichprobe 47 % männliche (N = 4565) und 53 % weibliche (N = 5213) Untersuchungsteilnehmer befanden. Alle Erhebungen fanden in Großstädten, zumeist Universitätsstädten (z. B. Athen, Antalya, Bonn, Bologna, Gießen, Groningen, Hongkong Lima, Porto, Potsdam, St. Petersburg, Tallin, Turin, Florenz, Warschau, Zürich) statt, um unerwünschte Varianz durch den Urbanisationsgrad zu vermeiden.

Der Großteil der Jugendlichen gehörte Familien der Mittelklasse an. Durchschnittlich lebten 82 % der Jugendlichen mit beiden Eltern zusammen, während die verbleibenden 18 % überwiegend mit ihrer Mutter zusammenlebten. Es ergaben sich allerdings erhebliche Unterschiede in der Familienstruktur und der Familiengröße zwischen den einzelnen Ländern. Dabei zeigte sich ein hoher Anteil an Zwei-Eltern-Familien in Pakistan (99 %, ebenfalls hoch: Türkei 95 %, Griechenland 96 %), der geringste in Estland (62 %; ebenfalls recht niedrig: Finnland 72 %; Polen 71 %; Russland 72 %). Deutschland zählt mit 73 % eher zu den Ländern mit einem relativ niedrigen Anteil von Zwei-Eltern-Familien. Entsprechend verschieden war auch die Anzahl der Geschwister mit hohen Werten in Pakistan (4.1) Griechenland (2.1), Ägypten (1.8), Hongkong (1.8) und niedrigeren in Deutschland (1.2), Italien (1.1), Polen (1.1), Russland (0.8) und Estland (0.7).

Zum Einsatz kamen zwei Instrumente, die speziell für die Lebenswelt von Jugendlichen konstruiert worden waren. Um die *Stressbelastung* zu erheben, wurden die Skalen Schulstress und Elternstress des Problemfragebogens (PQ) von Seiffge-Krenke

(1995) eingesetzt. Die Skala Schulstress besteht aus acht Items (z. B. »Der Druck, gute Noten zu machen, ist groß«, »Es gibt keine Kameradschaft unter uns Schülern, nur Konkurrenz«; Cronbach-α = .82) und die Skala Elternstress aus zehn Items (z. B. »Meine Eltern haben wenig Verständnis für meine schulischen Sorgen und Probleme«, »Ich kann mit meinen Eltern nicht reden«; Cronbach-α = .87). Auf einer fünfstufigen Skala ist pro Item anzugeben, wie stressreich die beschriebene Situation erlebt wird (von 1 = gar nicht belastend bis 5 = sehr belastend). Die Skalenbildung erfolgt durch Mittelwertbildung aller bearbeiteten Items eines Problembereichs.

Zur Bestimmung des *Bewältigungsverhaltens* kam der Coping Across Situations Questionnaire (CASQ, Seiffge-Krenke 1989, 1995) zum Einsatz. Für jeden der ausgewählten zwei Problembereiche (Schule, Eltern) sind 20 Copingstrategien jeweils danach zu beurteilen, ob sie bei Problemen aus diesem Bereich üblicherweise eingesetzt werden oder nicht. Frühere Faktorenanalysen (Seiffge-Krenke 1989, 1995) ergaben an verschiedenen Stichproben wiederholt eine dreidimensionale Struktur, welche sich durch folgende Faktoren abbilden lässt: (a) *aktives Coping:* Strategien, die eine handlungs- und problemorientierte Bewältigung der stressauslösenden Situation zum Ziel haben (z. B. »Ich diskutiere das Problem mit meinen Eltern« oder »Ich suche Rat und Hilfe bei Leuten, denen es ähnlich geht«); Cronbach-α = 0.80; (b) *internales Coping:* Strategien, die einen reflektierend-kognitiven Zugang zu dem Problem beinhalten und bei denen die Situationsbewertung des Jugendlichen maßgeblich ist (z. B. »Ich spiele verschiedene Lösungsmöglichkeiten in Gedanken durch«); Cronbach-α = 0.77 und (c) *Rückzug:* Strategien, deren Anwendung das Problem nicht nachhaltig löst. Häufig handelt es sich um Rückzugsstrategien (»Ich ziehe mich zurück, da ich ja doch nichts ändern kann«) oder um Ablenkung (»Ich versuche mich abzureagieren [durch laute Musik, Sport etc.]«); Cronbach-α = 0.73. Sowohl die aktiven als auch die internalen Copingstrategien werden als funktional bezeichnet, da sie eine dauerhafte und erfolgreiche Bewältigung der stressauslösenden Situation zum Ziel haben, wohingegen Rückzugsstrategien insbesondere in ihrer langfristigen Wirkung als dysfunktional angesehen werden können. Jeweils sieben Copingstrategien werden dem aktiven Copingstil und dem Rückzug zugeordnet und sechs Strategien dem internalen Copingstil.

Die beiden eingesetzten Fragebogeninstrumente wurden von Muttersprachlern jeweils in die einzelnen Landessprachen übersetzt. Durch Rückübersetzungen in die deutsche Sprache konnte die Güte der Übersetzungen belegt werden. Die Datenerhebung erfolgte üblicherweise in Schulklassen, wobei der Versuchsleiter während der gesamten Erhebungsphase anwesend war, um bei Nachfragen und Unklarheiten zur Verfügung zu stehen. Neben den beiden Fragebogenverfahren wurden folgende Sozialdaten erhoben: Geschlecht, Alter, Familienstand der Eltern (Ein- vs. Zwei-Eltern-Familie), Geschwister (Einzelkind vs. Aufwachsen mit mindestens einem Geschwister). Im Folgenden werden die Ergebnisse der Auswertungen geschildert.

Stresserleben und Bewältigungskompetenz in Ost- und Westdeutschland

In Kapitel 3 wurde herausgearbeitet, dass sich gegenwärtig ost- und westdeutsche Jugendliche in der Symptombelastung unterscheiden. Ostdeutsche Jugendliche geben mehr psychische Symptome an, was darauf hindeutet, dass sie unter größerem Stress stehen (von Widdern et al. 2004). Auf die Instabilität der Arbeitssituation der Eltern, Einkommensverluste sowie die bedrückende berufliche und Zukunftsperspektive der ostdeutschen Jugendlichen wurde an dieser Stelle hingewiesen. Eine Jahrzehnt zuvor hatten Noack und Kracke (1997), deren Daten auf einer Erhebung im Jahre 1992 beruhen, noch keine Unterschiede gemessen.

Ein ähnlicher Befund findet sich in unseren Daten. Er bestätigt die im letzten Jahrzehnt angestiegene Stressbelastung der ostdeutschen Jugendlichen. Verglichen wurden zunächst 665 westdeutsche Jugendliche aus dem Raum Bonn und Gießen mit 576 ostdeutschen Jugendlichen aus dem Potsdamer Raum. Der Erhebungszeitraum lag um 1994. Zu diesem Zeitpunkt berichteten westdeutsche Jugendliche wesentliche höhere Stresswerte, sowohl bezogen auf die Schule als auch bezogen auf die Eltern, als die gleichaltrigen ostdeutschen Jugendlichen. In praktisch allen schulbezogenen Stressoren (d. h. dem Zwang, möglichst gute Noten zu erreichen, der Sorge, dass

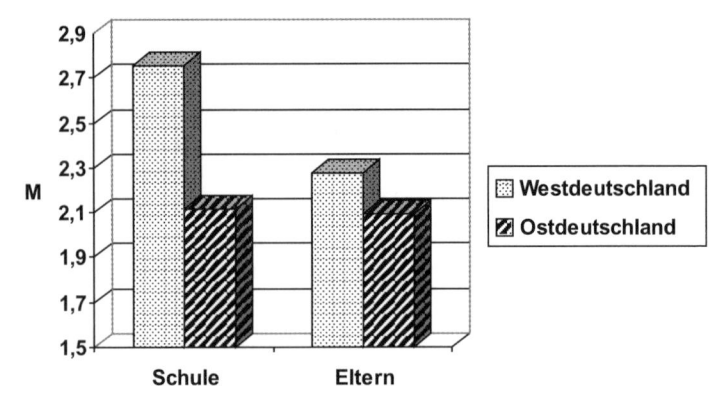

Abbildung 1: Durchschnittliche Stressbelastung in den Bereichen Schule und Eltern bei Jugendlichen aus Ost- und Westdeutschland

Meinungsverschiedenheiten mit Lehrern zu schlechten Noten führen, dem unpersönliche Umgang zwischen Lehrern und Schülern, der starken Konkurrenz unter Schülern und dem wahrgenommenen Desinteresse der Lehrer an den Problemen der Schüler) wiesen westdeutsche Jugendliche signifikant höhere Werte auf als ostdeutsche Jugendliche. Wir müssen dies so interpretieren, dass wenige Jahre nach der Wende offenkundig in der ostdeutschen Stichprobe noch nicht die harten »Westbedingungen« mit verstärktem Leistungsdruck und Konkurrenzdenken Einzug gehalten haben, wie sie später so typisch wurden.

In Bezug auf Probleme mit den Eltern bestanden zu diesem Zeitpunkt ebenfalls Unterschiede zwischen ost- und westdeutschen Jugendlichen. In vier der acht Elternstressoren wiesen westdeutsche Jugendliche signifikant höhere Werte auf als ostdeutsche; sie klagten über größere Verständnislosigkeit der Eltern, dass sie mit ihren Eltern nicht reden könnten, zu abhängig von ihren Eltern seien, Angst hätten, ihre Eltern zu enttäuschen, und gaben auch an, mehr Konflikte mit ihren Eltern zu haben. Unterschiede traten zu diesem Zeitpunkt auch im Bewältigungsverhalten auf. Westdeutsche Jugendliche waren wesentlich aktiver bei der Lösung dieser Probleme, besonders im schulischen Bereich. Demgegenüber erlebten ostdeutsche Jugendliche weniger Stress in den Bereichen Schule und Eltern und waren auch weniger aktiv im Lösen dieser Probleme, allerdings wiesen sie

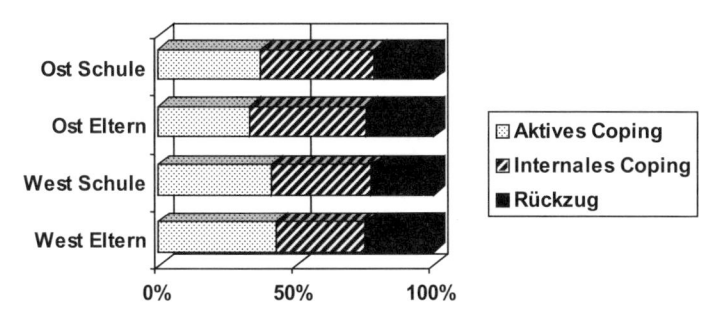

Abbildung 2: Copingstile bei Stress in den Bereichen Schule und Eltern bei Jugendlichen aus Ost- und Westdeutschland

höhere Werte in der Reflexion über Stressoren in beiden Bereichen auf.

Eine Neuerhebung im Jahre 2005 in den Städten Leipzig und Mainz (Seiffge-Krenke et al. 2006) bestätigte, dass sich die Stress-Werte bei ost- und westdeutschen Schülern in Bezug auf schulischen und familiären Stress anglichen. Ebenfalls angeglichen haben sich die Werte im aktiven Coping. Ostdeutsche Jugendliche haben aber auch in dieser Erhebung signifikant höhere Werte im internationalen Coping. Keinen Unterschied gibt es weiterhin im Rückzugsverhalten.

In beiden Erhebungen, 1994 und 2005, waren die Alters- und Geschlechtsverteilung vergleichbar. Allerdings bestanden gravierende Unterschiede in der Familiensituation, die sich etwas nivelliert haben. Wesentlich mehr ostdeutsche Jugendliche stammten aus Ein-Eltern-Familien (34 % gegenüber 10 % in 1994 und 36 % gegenüber 27 % in 2005). Auch die Familiengröße war unterschiedlich. So betrug die Anzahl der Geschwister 1994 1.1 in der ostdeutschen und 1.3 in der westdeutschen Stichprobe; 2005 waren es 1.2 zu 1.5 Geschwister. Die familiäre Situation hatte zwar keinen Einfluss auf das Bewältigungsverhalten, wohl aber auf die Stresswahrnehmung. Wesentlich mehr Jugendliche aus Ein-Eltern-Familien berichteten über hohen Familienstress als Jugendliche aus Zwei-Eltern-Familien. Wie bereits in Kapitel 3 erläutert, ist die Scheidung der Eltern oder das Aufwachsen mit nur einem Elternteil ein Entwicklungskontext, der durch weitere Belastungen gekennzeichnet ist, wie etwa schlechtere finanzielle Verhältnisse, häufigeren Umzug und Schulwechsel, so dass leicht erklärlich ist, dass mehr familiäre Stressoren berichtet werden. In Bezug auf den wahrgenommenen Schulstress unterscheiden sich Jugendliche aus Ein-Eltern- und Zwei-Eltern-Familien dagegen nicht. Damit zeigen unsere Befunde, dass sich die Stresswerte insgesamt angeglichen haben. Auch in Bezug auf das Bewältigungsverhalten zeigen sich zunehmend Ähnlichkeiten.

Vergleiche mit den PISA-Spitzenländern Finnland und Hongkong

In den in Kapitel 2 geschilderten PISA-Studien ist auffällig, dass die Länder Finnland und Hongkong besonders hohe Werte in Mathematik, Lesen, Naturwissenschaft aufweisen. Es bleiben allerdings die Fragen, welche »Kosten« diese herausragende Werte haben und ob sie etwa mit besonders viel Belastungen im schulischen und familiären Bereich einhergehen. Wir prüften daher an unserer Stichprobe die Stressbelastung und die Copingstile.

Abbildung 3 zeigt, dass der Schulstress bei Jugendlichen aus Hongkong und Finnland etwa gleich niedrig ist, während westdeut-

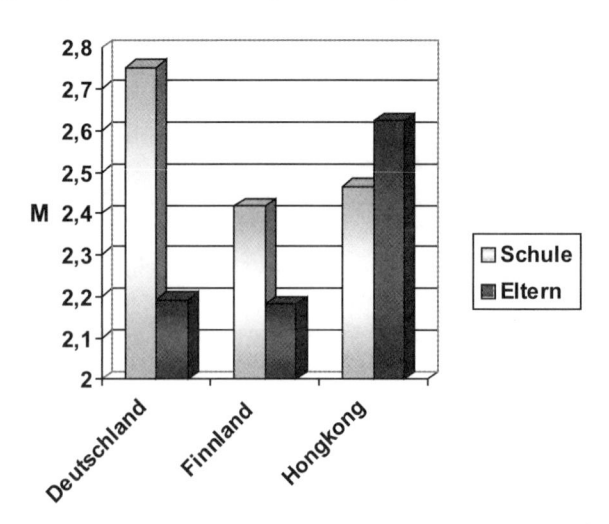

Abbildung 3: Durchschnittliche Stressbelastung in den Bereichen Schule und Eltern bei Jugendlichen aus Deutschland, Finnland und Hongkong

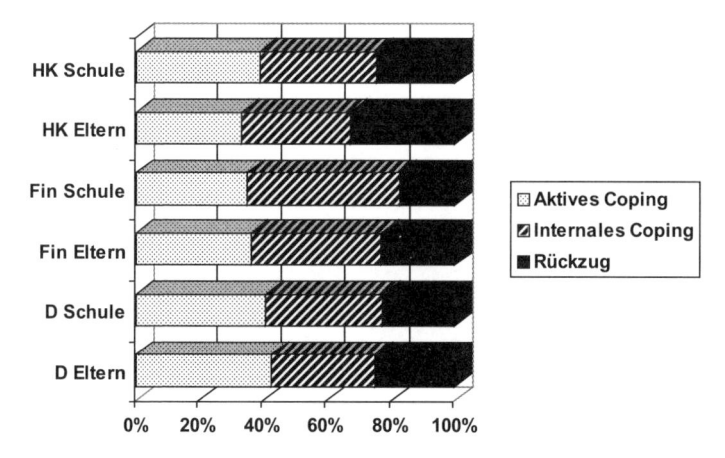

Abbildung 4: Copingstile bei Stress in den Bereichen Schule und Eltern bei Jugendlichen aus Deutschland, Finnland und Hongkong

sche Jugendliche auffallend höhere Werte haben. Allerdings ist interessant, dass man dieses Ergebnis nicht auf familiäre Stressoren generalisieren darf. Schüler aus Hongkong berichteten ungewöhnlich hohe Stresswerte im familiären Bereich. In den Copingstilen in diesem Bereich fallen sie durch ungewöhnlich hohen Rückzug auf. Bei schulischen Stressoren – die wie erwähnt deutlich niedriger liegen als in der deutschen Stichprobe – sind ihre Rückzugswerte vergleichbar hoch. Hier sind möglicherweise kulturspezifische Faktoren verantwortlich zu machen, denn Abbildung 4 zeigt, dass finnische Jugendliche mehr internale Copingstrategien wählen wie etwa das Nachdenken über die anstehenden Probleme. Deutsche Jugendliche dagegen weisen in beiden Problembereichen die höchsten Werte im aktiven Coping auf, was das offene Ansprechen von Problemen oder die Suche nach Hilfe und Unterstützung bei anderen umfasst.

Interessanterweise sind die drei Stichproben aus Deutschland, Finnland und Hongkong zwar hinsichtlich der familiären Situation verschieden, so gibt es größere Familien in Hongkong (mit einer durchschnittlichen Geschwisterzahl von 1.8) und Finnland (1.5) als in Deutschland (1.3). In allen drei Ländern aber berichten Jugendliche aus Trennungs- und Ein-Eltern-Familien (28 % der finnischen, 27 % der deutschen und 15 % der Hongkong-Stichprobe) über mehr Schulprobleme und mehr Rückzug. Diese Einheitlichkeit ist bestechend und verweist auf den engen Zusammenhang zwischen familiären und schulischen Problemen. Auch die Geschlechtsunterschiede waren in allen drei Ländern sehr ähnlich: Mädchen berichteten häufiger über aktives Coping in den Bereichen Schule und Eltern, aber auch häufiger über Rückzug – sie zeigen also insgesamt ein eher ambivalentes Copingverhalten.

Deutsche Jugendliche im internationalen Vergleich

Nach diesen spezifischeren Vergleichen wollen wir uns abschließend auf den Gesamtdatensatz beziehen und die Stresswahrnehmung deutscher Jugendlicher in den Bereichen Schule und Eltern miteinander vergleichen und zu den Angaben von Jugendlichen aus anderen Ländern in Beziehung setzten. Abbildung 5 verdeutlicht, dass deutsche Jugendliche über mittlere Stresswerte im schulischen Bereich, verglichen mit Jugendlichen anderer Länder, berichten, dass sie aber ungewöhnlich wenige Belastungen im Bereich Eltern angeben.

Über ähnlich niedrigen Elternstress berichten ansonsten nur Jugendliche aus Finnland und Kroatien. Insgesamt sind die Stress-

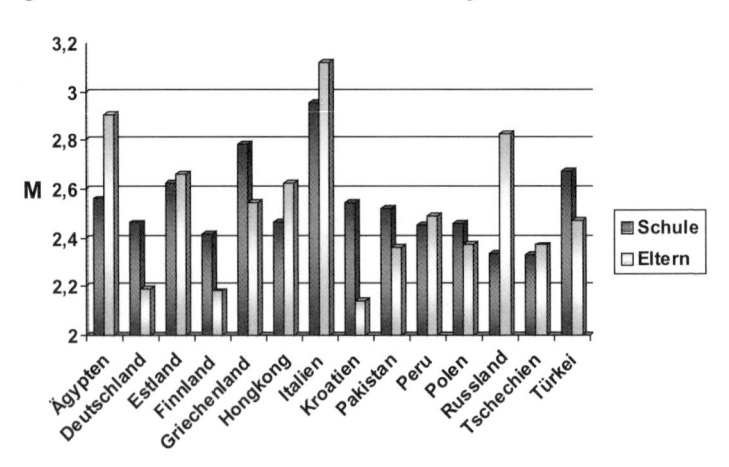

Abbildung 5: Stressbelastung in den Bereichen Schule und Eltern aus der Sicht von Jugendlichen aus verschiedenen Ländern

werte in den meisten Ländern deutlich höher. Auffallend sind die sehr hohen Werte der italienischen, aber auch der griechischen und der Hongkong-Stichprobe. Jugendliche aus vielen Ländern geben mehr Elternstress als Schulstress an, was mit neueren entwicklungspsychologischen Studien übereinstimmt, dass in dieser Altersphase Konflikte zwischen Eltern und Jugendlichen an der Tagesordnung sind (vgl. Kapitel 6). In der Summe über alle Länder liegen jedoch die Schulstressoren leicht vor den Elternstressoren.

Es ist wichtig, die Befunde im Gesamtkontext zu sehen. Gruppiert man nämlich die Länder nach Regionen wie Mitteleuropa (Deutschland, Niederlande, Schweiz), Nordeuropa (Finnland und Norwegen), Osteuropa (Polen, Estland, Kroatien, Tschechien, Russland), Südeuropa (Italien, Griechenland, Portugal), Südafrika, Asien (Hongkong) und dem Orient (Ägypten, Pakistan, Türkei), wie in Abbildung 6, so wird deutlich, dass Jugendliche aus Mitteleuropa und Südeuropa die höchsten Stresswerte in Schulstress berichten. Stressoren wie der Druck, gute Noten zu machen, zu schwieriger Unterrichtsstoff, starkes Konkurrenzdenken unter Mitschülern und Auseinandersetzungen mit Lehrern werden von ihnen besonders häufig berichtet, verglichen mit Schülern aus anderen Regionen der Welt.

Allerdings verhält es sich, wie Abbildung 7 zeigt, in Bezug auf Elternstress anders: Auffallend sind die niedrigen Werte in Mittel- und Nordeuropa und die höheren Werte von Jugendlichen aus allen anderen Regionen. Wir müssen dies so interpretieren, dass Jugend-

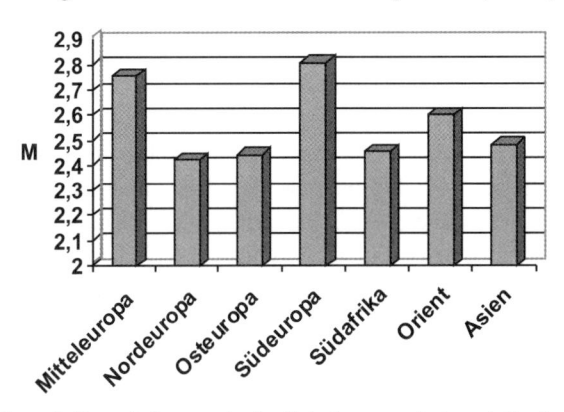

Abbildung 6: Stressbelastung in der Schule, gruppiert nach Regionen

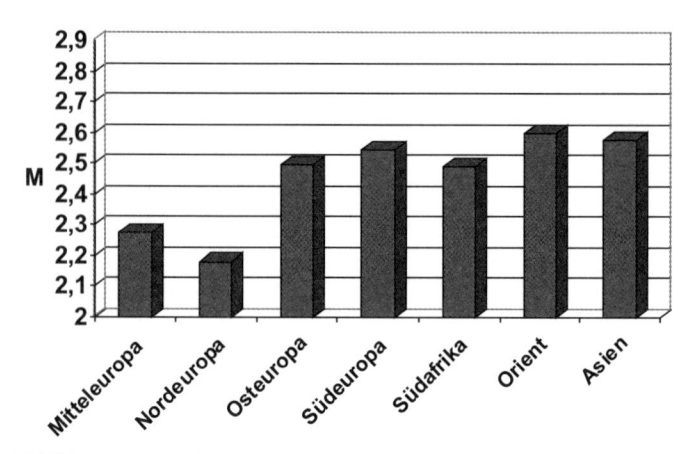

Abbildung 7: Stressbelastung in Bezug auf die Eltern, gruppiert nach Regionen

liche in Mittel- und Nordeuropa besonders wenig Auseinandersetzungen und Konflikte mit ihren Eltern haben – möglicherweise, weil ihnen bereits sehr viel Autonomie zugestanden wird, was für Jugendliche aus Ost- und Südeuropa, Afrika, Asien und dem Orient noch nicht in dieser Form der Fall ist. Elternstressoren, die von diesen Jugendlichen nämlich häufig angegeben wurden, betrafen das geringe Verständnis der Eltern für die Jugendlichen, Streitereien zwischen Eltern und Jugendlichen wegen abweichenden Meinungen, Übergehen von Ansichten und Blockieren von Entscheidungen der Jugendlichen, zu wenig Zeit der Eltern für die Jugendlichen.

Frühere Studien hatten häufiger Geschlechtsunterschiede gefunden, wie etwa jene von Phelps und Jarvis (1994). Sie untersuchten den Umgang mit familiären und schulbezogenen Stressoren bei 484 amerikanischen 14- bis 18-Jährigen. Weibliche Jugendliche nannten sehr viel häufiger Stress mit den Eltern, während männliche Jugendliche häufiger Schulstress als Elternstress nannten. In unserem Kulturvergleich sind die Geschlechtsunterschiede insgesamt gering und lediglich in den früher kommunistisch regierten Ländern (Osteuropa) und im Orient stärker ausgeprägt. Mädchen in allen Regionen geben mehr Schulstress an (besonders die aus Osteuropa), dagegen findet sich bei Jugendlichen aus dem Orient ein entgegengesetzter Effekt: Hier geben Jungen höhere Stresswerte in der Schule an. In Bezug auf Elternstress fallen die sehr niedrigen Werte der

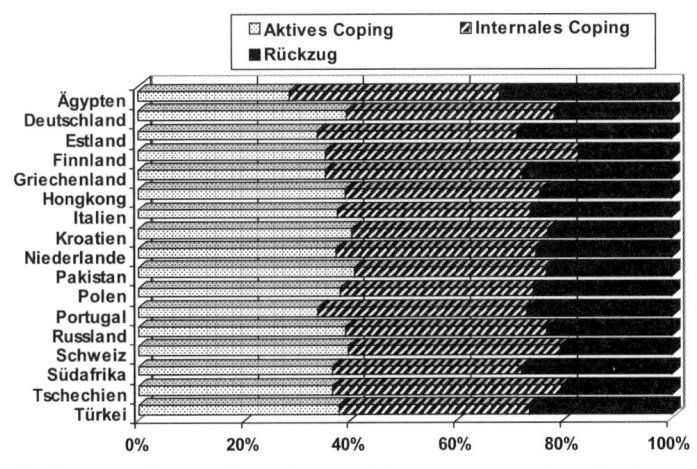

Abbildung 8: Copingstile im Bereich Schule in den einzelnen Ländern

südeuropäischen Jungen im Vergleich zu den hohen Werten der altersgleichen Mädchen auf, was die These der hart erkämpften Autonomie bei Mädchen stützt.

Die familiäre Situation hatte einen Einfluss auf die Stresswahrnehmung: Jugendliche aus den verschiedenen Regionen, die mit beiden Eltern zusammenleben, berichten über weniger Schulstress, aber auch weniger Elternstress als Jugendliche, die aus Ein-Eltern-Familien stammen.

Wie sieht es nun mit den Bewältigungsfertigkeiten aus, wiederum bezogen auf die Bereiche Schulstress und Elternstress? Wir betrachten erneut zunächst den Ländervergleich und danach die Gruppierung in Regionen. In Bezug auf das Bewältigungsverhalten unterscheiden sich Jugendliche aus den verschiedenen Ländern ebenfalls, wie Abbildung 8 bezogen auf die Bewältigung schulischer Stressoren zeigt.

Es wird deutlich, dass deutsche Jugendliche, wie Jugendliche aus der Schweiz, Hongkong, Kroatien, Pakistan, Russland und Portugal relativ hohe Werte im aktiven Coping haben, wenn es um Schulstress geht. Wiederum fallen finnische Jugendliche durch ihre sehr hohen Werte im internalen Coping auf. Des Weiteren ist bemerkenswert, dass Jugendliche aus einigen Ländern recht hohe Rückzugswerte haben, so Jugendliche aus Ägypten, Estland, Griechenland, Portugal, der Türkei und Südafrika.

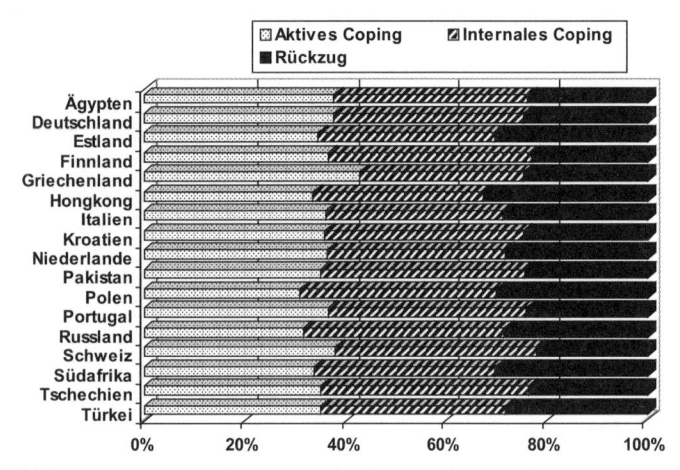

Abbildung 9: Copingstile im Bereich Eltern in den einzelnen Ländern

Wie Abbildung 9 zu den Copingstilen bei Elternstress jedoch veranschaulicht, ist dies ein Bereich, bei dem insgesamt mehr Rückzug gezeigt wird, verglichen etwa mit schulischen Problemen. Insgesamt zeigen also Jugendliche in den meisten Ländern mehr Rückzugsverhalten bei Elternstress als bei Schulstress. Dies ist durchaus verständlich und entspricht auch anderen Forschungsbefunden (vgl. Kapitel 6), wonach familiäre Konflikte unter anderem durch Kompromisse und Rückzug »gelöst« werden.

Bei den Auswertungen nach Regionen, die die Daten auf höherer Ebene aggregieren, zeigten sich weitere Effekte, so eine Interaktion zwischen Geschlecht und Region in Bezug auf aktives Coping mit Schulstress: In aller Regel weisen Mädchen höhere Werte im aktiven Coping mit Schulstress auf, aber in drei Regionen (Nord- und Ost-Europa sowie dem Orient) haben männliche Jugendliche höherer Werte im aktiven Coping. In Bezug auf die Bewältigung des Elternstresses ist das Ergebnis dagegen eindeutig: Mädchen weisen in allen Regionen hier die höchsten Werte im aktiven Coping auf. Auch das in anderen Studien gefundene, eher ambivalente Copingpattern der weiblichen Jugendlichen ließ sich an diesem großen Datensatz bestätigen: Zugleich weisen Mädchen auch höhere Werte im Rückzug auf. Wenige Unterschiede gibt es in Bezug auf den dritten Copingstil internale Reflexion über die anstehenden Probleme aus dem Bereich Eltern oder Schule. Schließlich bleibt noch zu erwähnen, dass Jugendliche aus allen Regionen, die nicht in Zwei-Eltern-Familien aufwachsen, höhere Werte im Rückzug als Copingstil haben, wenn sie mit Eltern- und Schulstress konfrontiert werden; diese Stressoren waren, wie oben dargestellt, bei ihnen ebenfalls erhöht.

Allerdings erscheint es trotz aller Unterschiede bemerkenswert, wie ähnlich das Bewältigungsverhalten der Jugendlichen ist. In allen Ländern und über die beiden Stressoren hinweg werden wesentlich mehr funktionale als dysfunktionale Bewältigungsstile eingesetzt. Zwischen 70 % und 80 % aller Bewältigungsbemühungen beziehen sich auf aktives und internales Coping, während nur ein vergleichsweise geringer Prozentsatz, zwischen 20 % und 30 %, eher ausweichende und problemmeidende Strategien (Skala Rückzug) einsetzt. So gesehen weisen die Jugendlichen aller untersuchten Länder mehr Gemeinsamkeiten als Unterschiede auf. Dieses Ergebnis ist sehr wichtig. Es zeigt, dass Jugendliche aus verschiedenen Ländern trotz aller kulturellen Unterschiede überwiegend kompetente Bewältiger sind.

Wiederholt wurde gefunden, dass weibliche Jugendliche häufiger aktives Coping einsetzen als ihre männlichen Altersgenossen, was sich insbesondere in einer häufigeren Suche nach sozialer Unterstützung äußert. Dies wurde an deutschen (Seiffge-Krenke 1995), israelischen (Seiffge-Krenke u. Shulman 1990), australischen (Frydenberg u. Lewis 1991), amerikanischen Jugendlichen (Patterson u. McCubbin 1987) sowie an Jugendlichen aus der Schweiz (Winkler-Metzge u. Steinhausen 2002; Plancherel u. Bolognini 1995) festgestellt. Dieser Befund lässt sich auch an unseren Daten festmachen, wenngleich die Geschlechtsunterschiede insgesamt recht gering waren. Dies deutet auf einen Kohorteneffekt hin, das heißt dass sich früher bestehende Unterschiede im Zuge der Globalisierung eher ausgeglichen haben. Wir fanden Geschlechtsunterschiede lediglich verstärkt bei Jugendlichen aus den früher kommunistisch regierten Staaten Osteuropas. Dies erstaunt, da wir erwartet hatten, dass in den osteuropäischen Ländern geringere Geschlechtsunterschiede auftreten würden, und dass diese dagegen häufiger in Ländern zu finden sind, in denen eine stärkere geschlechtsspezifische Erziehung mit Betonung traditionellerer Rollenbilder vorherrschend ist, wie beispielsweise in der Türkei. In

Bezug auf Jugendliche aus den orientalischen Ländern, zu denen die Türkei in unserer Auswertung gerechnet wurde, fallen die hohen Werte im Schulstress bei den männlichen Jugendlichen auf – möglicherweise ein Hinweis auf den verstärkten Druck, durch gute schulische Leistungen die finanzielle Absicherung der späteren Familie leisten zu müssen, ein Gesichtspunkt, der sich für die gleichaltrigen Mädchen nicht in dem Umfang zu stellen scheint. Auch in der kulturvergleichenden Studie von Gibson-Cline (1996), in die 13 Länder einbezogen wurden, traten Geschlechtsunterschiede am deutlichsten in Ländern auf, die sich durch ein eher konservatives Wertesystem auszeichneten.

Eine weitere Fragestellung der vorliegenden Studie war, ob Variablen der Familie das Stresserleben und die Stressbewältigung von Jugendlichen moderieren. Es wurden Jugendliche aus Zwei- und Ein-Eltern-Familien unterschieden, wobei auf starke länderspezifische Unterschiede in der Familienstruktur hingewiesen wurde. Mit der in den letzten Jahrzehnten ansteigenden Scheidungsrate im europäischen und nordamerikanischen Raum ging auch eine verstärkte Forschungsaktivität in diesem Bereich einher (vgl. Kapitel 6). Im Vordergrund neuerer Forschungsarbeiten standen insbesondere Fragen der Anpassungsfähigkeit und psychischen Gesundheit von Kindern und Jugendlichen, deren Eltern sich getrennt hatten. Hinsichtlich des Copingverhaltens fielen Jugendliche aus Ein-Eltern-Familien in unserer Studie einheitlich durch einen etwas höheren Gebrauch dysfunktionaler Copingstrategien auf. Hier ist an die höheren Stresswerte in den Bereichen Schule und Eltern zu erinnern, über die Jugendliche aus nicht-traditionellen Familien berichteten. Auch ist es denkbar, dass die Identifikation mit dem mütterlichen Rollenvorbild (mit höheren Werten im Rückzug, die generell bei Frauen gefunden wurden; vgl. Olah 1995) zu diesem Ergebnis beigetragen haben.

Im Vordergrund der Stress- und Copingforschung an Jugendlichen standen in der Vergangenheit im Wesentlichen die Erforschung des Zusammenhangs zwischen dem Stresserleben und der Stressbewältigung mit individuellen Eigenschaften wie etwa Persönlichkeit und Bindungsfähigkeit (Seiffge-Krenke u. Beyers 2005). Hingegen gibt es nur sehr wenige kulturvergleichende Untersuchungen, die der Frage nachgehen, ob und wie sich Stress und

Coping zwischen Jugendlichen verschiedener kultureller Herkunft und Prägung systematisch unterscheiden. Unsere kulturvergleichende Studie zu Stress und Coping belegt nicht nur die Unterschiedlichkeit, sondern auch die große Ähnlichkeit in der Stresswahrnehmung und -bewältigung im Jugendalter. Die Einflüsse von Geschlecht und Familienstatus waren ebenfalls deutlich. Nicht ausgewertet wurden bislang der Bezug zur Schulleistung und der Einfluss des sozioökonomischen Status. In den PISA-Studien waren hier deutliche Unterschiede gefunden worden. Jugendliche aus höheren Schichten (ermittelt nach dem Beruf der Eltern) wiesen höhere Punktwerte in den verglichenen Schulleistungen auf. Gibson-Cline (1996), der Jugendliche aus 13 Ländern befragte, fand, dass Jugendliche aus ökonomisch ärmeren Ländern häufiger über finanzielle Sorgen berichteten, während Jugendliche aus wirtschaftlich prosperierenden Ländern vermehrt selbstbezogene und akademische Stressoren angaben. Familienbezogene Stressoren wurden vermehrt von Jugendlichen aus kollektivistischen Ländern genannt. Dies deckt sich teilweise mit unseren Befunden. Auch in unserer Studie berichten Jugendliche mit engerer Familienbindung, aber weniger Möglichkeiten zu Autonomie, nämlich Jugendliche aus Ost- und Südeuropa, Afrika, Asien und dem Orient, über besonders viel Stress mit den Eltern. Demgegenüber weisen Jugendliche aus Nord- und Mitteleuropa, die mutmaßlich über relativ viel persönlichen Freiraum in ihren Familien verfügen, die niedrigsten Werte im Elternstress auf.

Zusammenfassung

Stress beeinträchtigt die Leistungsfähigkeit und kann langfristige gesundheitliche Folgen haben. Die Bewältigungskompetenz ist eine entscheidende Variable, die bestimmt, wie zukünftige Herausforderungen gemeistert werden. Dieses Kapitel dokumentiert das Stresserleben und die Bewältigungskompetenz deutscher Jugendlicher im internationalen Vergleich. Dazu werden Auskünfte von 9778 Jugendlichen aus 18 Ländern miteinander in Beziehung gesetzt. Deutsche Jugendliche fallen in diesem Vergleich durch relativ viel Schulstress, aber wenig Elternstress auf; ihre Bewältigungsfertigkeiten sind durchaus sehr kompetent. Interessant sind Diskrepanzen zwischen ost- und westdeutschen Jugendlichen und die enormen Stresswerte, die Jugendliche aus vielen anderen Ländern aufweisen, allen voran solche aus PISA-Spitzenländern wie Hongkong. Jugendliche aus verschiedenen Ländern, die mit beiden Eltern zusammenleben, berichten über weniger Schulstress und weniger Elternstress als Jugendliche, die aus Ein-Eltern-Familien stammen, und sie sind auch besonders kompetent im Umgang mit diesen Stressoren.

5 Was macht Schülern Stress?

Jugendliche verbringen sehr viel Zeit in der Schule und sind einer ganzen Reihe von psychosozialen Stressoren ausgesetzt, zum Beispiel interpersonellen Problemen wie Konflikten mit Freunden oder Klassenkameraden oder dem Lehrer, aber auch der Angst vor Klassenarbeiten, zu viel Hausaufgaben oder Leistungsdruck. Schulbezogene Stressoren stehen nicht selten mit Elternstress in Beziehung, da belastete Elternbeziehungen wiederum den Leistungsdruck erhöhen können. Im vorangegangen Kapitel wurden Ergebnisse zum Kulturvergleich dargestellt, die zeigen, dass Schulstress vor allem im Mitteleuropa hoch ist, und dass deutsche Jugendliche, verglichen mit den PISA-Spitzenländern, vergleichsweise hohe Stresswerte erzielen. Wir haben – auch in der Gruppierung der Jugendlichen nach Regionen – die Datenlage auf einem relativ hohen Aggregationsniveau betrachtet. In den folgenden Kapiteln soll verstärkt eine differenzierende Betrachtung erfolgen. Es geht um schulische und Elternstressoren im Detail, und zwar vor allem bezogen auf deutsche Jugendliche. Wir beginnen mit häufigen Schulstressoren in diesem Kapitel, zunächst in unserer deutschen Stichprobe. Allerdings sollen auch Befunde aus internationalen Studien herangezogen werden, die Schulstressoren und deren Bewältigung untersucht haben. Spezifische Schulstressoren wie ein Schulwechsel, mündliche und schriftliche Klassenarbeiten, Probleme in der Klassengemeinschaft wie Ausgrenzung und Aggression unter Schülern werden ebenso thematisiert wie schulische Kontextfaktoren. Am Ende dieses Kapitels werden Befunde stehen, die die gesundheitlichen Auswirkungen von Schulstress und die mögliche Puffer-Funktion von Lehrern und Mitschülern zum Gegenstand haben.

Welche Schulstressoren sind häufig?

Stress unter Jugendlichen ist eine wichtige Forschungsfragestellung. Ein sehr großer Prozentsatz des Stresses, den Jugendliche erleben, hängt unmittelbar mit der Schule zusammen und bezieht sich auch auf schulbezogene Aktivitäten, da Jugendliche einen erheblichen Teil ihres Tages in einer schulischen Umgebung verbringen. Zu den schulspezifischen Stressoren, die in verschiedenen Studien (vgl. Daniels u. Moos 1990; Compas et al. 2001) identifiziert werden konnten, zählen Schwierigkeiten mit den Gleichaltrigen in der Klasse, Sorgen über die Schulleistung (signifikant höhere Werte bei männlichen Jugendlichen), zu viel Hausaufgaben und Konflikte mit Eltern oder Lehrern, die sich auf die Schule beziehen (bei den letztgenannten hatten Mädchen höhere Werte). Kouzma und Kennedy (2004) untersuchten 423 amerikanische Jugendliche mit einem Altersrange von 16 bis 18 Jahren. Die häufigsten genannten akademischen Stressoren waren Examina und Tests, Zeugnisse, zu viel Arbeit, Sorgen über die Zukunft, Entscheidungen bezüglich einer möglichen Karriere oder eines möglichen Berufs treffen, sich auf Examina vorzubereiten, die Menge des Lernstoffs sowie Druck durch andere, gute Leistungen zu erbringen. In der Studie an 100 16-jährigen belgischen Jugendlichen von Govaerts und Grégoire (2004) stuften die Schüler schriftliche Tests (32 %) und mündliche Examina (23 %) als sehr belastend ein. Eine recht große Zahl (41 %) nannte Arbeitsorganisationsprobleme (»Das war belastend, denn ich musste zwei Tests schreiben und hatte auch noch sehr viel Hausaufgaben am nächsten Tag«).

Im vorangegangenen Kapitel wurde deutlich, dass deutsche Jugendliche besonders hohe Stresswerte in Bezug auf schulischen Stress berichten, verglichen mit Werten beim Elternstress. Im Vergleich zu Jugendlichen aus einigen anderen Ländern nehmen sie jedoch in Bezug auf Schulstress keineswegs Spitzenwerte ein. Eine detaillierte Auswertung der acht schulspezifischen Stressoren ergab, dass sie besonders unter dem Zwang, gute Noten zu erbringen, dem schwierigen Lernstoff und dem Konkurrenzdenken unter Mitschülern leiden. Diese Stress-Items wurden am häufigsten angekreuzt. Als vergleichsweise wenig belastend empfanden sie, dass ihnen nichts einfällt, wenn sie etwas in der Schule gefragt werden.

Abbildung 10: Verschiedene Schulstressoren aus der Sicht deutscher Jugendlicher

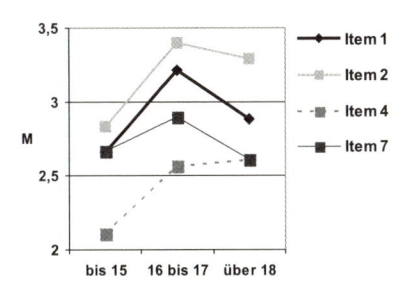

Auch dass Lehrer nicht an ihren Problemen interessiert seien, wurde selten genannt.

Die Einschätzungen waren einheitlich für weibliche und männliche Jugendliche. Es ergaben sich allerdings Altersunterschiede. Wenn man die Gesamtgruppe untersuchter deutscher Jugendlicher in drei Altersgruppen unterteilt, wird deutlich, dass die 16- bis 17-Jährigen den meisten Schulstress empfinden, besonders in den abgebildeten Items 1, 2 und 4 (Abb. 10). Bei den 18-Jährigen dagegen sinken die Stresswerte wieder leicht ab. Dies hängt vermutlich damit zusammen, dass die meisten der untersuchten Schüler im Alter von 16/17 Jahren sich mit dem Ende der Schulzeit befassen (herannahendes Abitur, Abschluss der Realschule), während für die geringere Zahl von Jugendlichen, die Abitur machen, der Höhepunkt der Belastungen hinsichtlich des Notendrucks schon überschritten ist. Es ist aber deutlich, dass diese Gruppe den Lernstoff als weiterhin sehr schwierig und belastend einschätzt.

Valtin und Wagner (2004) haben interessante differenzierende Befunde zur Schulform mit dem gleichen Verfahren, der Skala Schulstress aus dem Problemfragebogen PQ (vgl. Kapitel 4), an insgesamt 3000 Jugendlichen erhoben. Die Autorinnen fanden starke Unterschiede in Abhängigkeit von der Schulform. Gymnasiasten berichteten über sehr viel mehr Leistungsdruck als etwa Hauptschüler. Bezüglich des belastenden Klassenklimas (fehlende Kameradschaft, nur Konkurrenzdenken) unterschieden sich die vier untersuchten Schulformen Gymnasium, Gesamtschule, Realschule und Hauptschule nur wenig. Besonders die Gymnasiasten stimmten Items wie »Der Zwang, in der Schule gute Noten zu erreichen, belastet mich« oder »Die strenge Zensurengebung bereitet mir Probleme« in viel höherem Maße zu als Schülerinnen und Schüler aus anderen Schulformen. Die niedrigsten Werte hatten hier die Hauptschüler. Die Belastungen durch Leistungsdruck erschienen den Schülerinnen und Schülern insgesamt größer als durch ein negatives Klassenklima. Items wie »Es stört mich sehr, dass es in der Klasse keine Freundschaften gibt« oder »der unpersönliche Umgang mit Mitschülern oder Lehrern« wurden deutlich seltener genannt.

Was die Bewältigung von Schulstress angeht, so wurde schon in Kapitel 4 darauf hingewiesen, dass die meisten deutschen Jugendlichen funktionale Copingstile einsetzen, das heißt eine Kombination aus aktivem Coping und internalem Coping mit relativ wenig Rückzug.

Diese Ergebnisse werden durch die Angaben in Tabelle 1 bestätigt. Wir sehen, dass schulische Probleme am häufigsten mit den Eltern besprochen werden (65 %), seltener mit den Freunden (53 %). Nachdenken über Lösungsmöglichkeiten ist ebenfalls häufig (61 %), Rückzug selten (17 %). Es fanden sich wiederum praktisch keine Geschlechtsunterschiede, was auf ein sehr einheitliches Bewältigungsverhalten von männlichen und weiblichen Jugendlichen hinweist. Tabelle 1 zeigt übrigens große Ähnlichkeiten zwischen den Bewältigungsstilen im Umgang mit Schulstress und Elternstress. Auch in anderen Studien wurden solche Zusammenhänge berichtet, etwa von Matsushima und Shiomi (2003) in einer japanischen Studie an 180 Jugendlichen oder von Olafsen und Viemerö (2000) an schwedischen Jugendlichen.

Im Folgenden geht es um weitere schulspezifische Stressoren, die sich mit der Bedeutung von Noten, den Problemen der Leistungsdifferenzierung und Ähnlichem beschäftigen. Dabei wird teilweise auch auf Ergebnisse an jüngeren Schülern zurückgegriffen, um die Stressbelastung bei bestimmten normativen Ereignissen (z. B. Schulwechsel zum Gymnasium) zu verdeutlichen.

Tabelle 1: Copingstrategien deutscher Jugendlicher im Umgang mit Schul- und Elternstress

Copingstrategien	Schule f%	Eltern f%
1. Ich diskutiere das Problem mit meinen Eltern/anderen Erwachsenen.	65	50
2. Ich spreche auftauchende Probleme sofort aus und trage sie nicht tagelang mit mir herum.	40	37
3. Ich suche bei Schwierigkeiten fachmännischen Rat (z. B. beim Arbeitsamt, in einer Jugendberatungsstelle)	16	13
4. Ich mache mich auf das Schlimmste gefasst.	32	22
5. Ich akzeptiere meine Grenzen.	39	28
6. Ich versuche, Probleme im Gespräch mit dem Betroffenen unmittelbar anzusprechen.	42	46
7. Ich lasse mir nichts anmerken und tue so, als ob alles in Ordnung wäre.	26	23
8. Ich versuche, mich abzureagieren (durch laute Musik, Motorrad fahren, wildes Tanzen, Sport etc.).	42	39
9. Ich mache mir keine Sorgen, denn meistens gehen die Dinge gut aus.	31	32
10. Ich denke über das Problem nach und spiele verschiedene Lösungsmöglichkeiten in Gedanken durch.	61	48
11. Ich schließe Kompromisse.	31	40
12. Ich mache meinem Ärger und meiner Ratlosigkeit »Luft« durch Schreien, Heulen, Türen knallen etc.	20	31
13. Ich mache mir klar, dass es immer irgendwelche Probleme geben wird.	43	36
14. Ich denke erst an Probleme, wenn sie auftreten.	36	27
15. Ich suche nach Informationen im Internet, Fachbüchern, Zeitschriften oder Nachschlagewerken.	25	13
16. Ich versuche, nicht über das Problem nachzudenken und es aus meinen Gedanken zu verdrängen.	28	26
17. Ich versuche, meine Probleme durch Alkohol oder Drogen zu vergessen.	8	8
18. Ich suche Trost und Zuwendung bei Leuten, denen es ähnlich geht wie mir.	32	33
19. Ich versuche, mit Freunden meine Probleme gemeinsam zu lösen.	53	39
20. Ich ziehe mich zurück, da ich es doch nicht ändern kann.	17	19

Übergang in die Sekundarstufe I: Herausforderungen und Kosten der Leistungsdifferenzierung

Schulische Sozialisation von Schülerinnen und Schülern wird geprägt von Selektion, einer wichtigen Funktion von Schule. Da die Empfehlung für weiterführende Schulen von den Schulleistungen in Form von Noten abhängt, spielen Noten eine sehr große Rolle. Mit dem Übergang in die Sekundarstufe I findet aber nicht nur ein Wechsel der Bewertungsmaßstäbe statt, sondern wegen der unterschiedlichen Leistungsgruppierung auch ein Wechsel der Bezugsgruppe. Der Schulwechsel von der Primarstufe zur Sekundarstufe I ist ein bedeutendes schulisches normatives Ereignis, das in den meisten Bundesländern von der 4. zur 5. Klasse, in Berlin und Brandenburg erst mit dem Übergang von der 6. zur 7. Klasse erfolgt. Verschiedene Autoren analysierten die psychischen Kosten der starken Selektivität des deutschen Schulsystems an dieser wichtigen Gelenkstelle des Übergangs von der Grundschule in die Sekundarstufe I.

In verschiedenen Studien berichteten bis zu 18 % der Kinder, die auf das Gymnasium wechselten, von erlebten Schwierigkeiten beim Schulwechsel (z. B. Büchner u. Koch 2001). Die Stressbelastung scheint insbesondere beim Übergang ins Gymnasium groß zu sein. Dies wird durch die Untersuchung von Elben et al. (2003) bestätigt, die die psychischen Belastungen durch den Schulübergang von der 4. in die 5. Klasse an 370 Kindern und deren Eltern am Ende der 4. Klasse und zu Beginn der weiterführenden Schule mit dem Youth Self-Report (YSR) und der Child Behavior Checklist (CBCL) erhoben haben. Insgesamt zeigte sich sowohl bei den Angaben der Schüler als auch bei denen ihrer Eltern eine signifikante Abnahme der Symptomatik nach dem Schulwechsel, allerdings bei deutlichen individuellen Unterschieden zwischen den Schülern. Dies unterstreicht die sehr große Anspannung während des Schulübergangs und die Entspannung, die bei den meisten Schülern danach eingetreten war.

Die bereits erwähnte Studie von Valtin und Wagner (2004) belegt, dass der Stress in Abhängigkeit von der Art der weiterführenden Schule unterschiedlich groß ist. Die allgemeine Frage lautete, welchen Stress Schüler nach dem Übergang von der sechsjährigen

Berliner Grundschule in die erste Klasse der unterschiedlichen Schularten der Sekundarstufe I erleben und wie sich Noten und leistungsrelevante Persönlichkeitsmerkmale der späteren Hauptschüler, Realschüler und Gymnasiasten in den letzten Grundschuljahren bis zur ersten Klasse der Sekundarstufe I entwickeln. In ihrer von der Deutschen Forschungsgemeinschaft (DFG) geförderten Längsschnittstudie wurden daher von 1995 bis 2002 die schulischen Leistungs- und Persönlichkeitsentwicklungen von Ost- und Westberliner Schülerinnen und Schülern vom Beginn des zweiten Schuljahres bis zum neunten Schuljahr erhoben. Insgesamt waren es ca. 300 Kinder des zweiten Schuljahres in Berlin, die im Längsschnitt über einen so langen Zeitraum verfolgt wurden.

Schüler, die auf Hauptschulen wechselten, gaben das positivste Urteil über den Unterricht ab. Die Autorinnen vermuteten, dass die Unterstützungskultur von Lehrkräften gegenüber ihren Schülern und Schülerinnen an Gymnasien verbesserungsbedürftig sei. So ist es möglicherweise zu erklären, warum die Hauptschüler ihre Lehrerinnen und Lehrer positiver beurteilten als Gymnasiasten. Gymnasiasten berichteten, wie erwähnt, auch am meisten Schulstress, während bei Hauptschülern der geringste Schulstress zu verzeichnen war und Real- und Gesamtschüler in ihrem Stresserleben im Mittelfeld lagen. Insgesamt belegen die Ergebnisse, dass Schülerinnen und Schüler, die von der Grundschule in ein Gymnasium wechseln, durch den Übergang stärker belastet werden als Schüler der anderen Schulformen. Die Ergebnisse lassen sich gut im Rahmen des »Fischteicheffektmodells« erklären, wonach gute Grundschüler nun in eine Gruppe kommen, die überwiegend wieder aus guten Schülern besteht, was ihrem Selbstwert möglicherweise nicht nur zuträglich ist, während sich »schlechte« Grundschüler in einer Gruppe von weiteren Hauptschülern durchaus besser fühlen können.

In der Studie von Meckelmann (2004) wurde der Schulwechsel von der Grundschule in die Sekundarstufe I als wichtiges normatives kritisches Lebensereignis ebenfalls längsschnittlich untersucht, wenn auch an einer kleineren Gruppe und mit einer anderen Fragestellung. Sie untersuchte 43 Berliner Jugendliche sowohl vor (6. Klasse) als auch nach dem Schulwechsel (7. Klasse) hinsichtlich ihres Selbstkonzepts, ihrer körperlichen Entwicklung und befragte sie auch zu ihren Erfahrungen zum Schulwechsel. Der Schulwechsel zum Gymnasium war eher mit einem positiven Selbstkonzept, der zur Hauptschule eher mit einem negativen Selbstkonzept verbunden. Dieser Unterschied, der sich in der 5. Klasse fand, war in der 6. Klasse nicht mehr nachweisbar.

In der Studie von Meckelmann (2004) schätzten 86 % der befragten Schülerinnen und Schüler den Schulwechsel im Rückblick als positiv ein. Auch bei einer Querschnittserhebung in den 4. Klassen der Volksschulen Wiens vor dem Wechsel auf die weiterführende Schule zeigte sich generell eine positive emotionale Haltung der Kinder zur weiterführenden Schule (Sirsch 2000). Die Schüler betrachteten den Schulübertritt im Sinne Lazarus (vgl. Kapitel 4) eher als Herausforderung und weniger als Bedrohung. Dass der Schulwechsel so positiv erlebt wurde, hängt auch damit zusammen, dass man ihn als Eintritt in die »Welt der Großen« ansieht.

Prüfungsangst und Stress-Reaktionen bei Klassenarbeiten

Jugendliche werden im Verlauf ihrer schulischen Entwicklung wiederholt mit Test- und Prüfungssituationen konfrontiert, deren Bestehen oder Nichtbestehen entscheidende Konsequenzen für die weitere Entwicklung nach sich ziehen, da Schulerfolg Zugangsmöglichkeiten für eine weitere akademische oder berufliche Ausbildung eröffnet. Insofern sind Prüfungssituationen als Anforderungssituationen zu verstehen, die Stress für die Schüler bedeuten und deswegen zu einer Vielzahl von spezifischen Stressreaktionen führen können. Klassenarbeiten mit ihren entsprechenden Noten haben also entscheidende Konsequenzen für die Zukunft, erhalten dadurch eine besondere persönliche Bedeutung und dürften bei drohendem Misserfolg als besonders belastend erlebt werden. In Abhängigkeit von dem Resultat der individuellen Bewertung (Lazarus 1991) sind entsprechende Stressreaktionen auf psychologischer, also emotionaler, aber auch physiologischer Ebene zu erwarten.

Prüfungsangst hat negative Konsequenzen für die Leistung. Es kommt zu Einschränkungen der Informationsverarbeitung durch ängstliche Kognitionen (Eysenck u. Calvo 1992). Angstreaktionen sind insbesondere unmittelbar vor Beginn der Prüfung feststellbar und lassen sich auch physiologisch nachweisen. Spangler (1997) konnte bei Sekundarstufenschülern in realen Prüfungssituationen einen Anstieg der Cortisol-Werte feststellen. Kurzzeitiger Stress scheint zu einer kurzfristigen Aktivierung des Immunsystems beizutragen. Allerdings zeigten wiederholte Messungen, dass sich höhere Plasma-Cortisolwerte bei Sekundarstufenschülern während des gesamten Prüfungszeitraums nachweisen lassen, das heißt sowohl vorher (was auf antizipatorische Reaktionen hinweist) als auch währenddessen sowie nachher (Spangler 1997). Prüfungsängstliche Schüler besitzen eine niedrige Schwelle für Prüfungsangst. Sie erleben Prüfungsangst häufiger und in stärkerem Maße als Schüler mit geringer Prüfungsängstlichkeit. Zu unterscheiden ist die Reaktion auf eine konkrete Angstsituation (Zustandsangst), während die Prüfungsängstlichkeit als solches ein mehr oder weniger stabiles Persönlichkeitsmerkmal ist. Für Prüfungen sind die fachbezogenen Leistungen und die verfügbaren Bewältigungsstrategien im Umgang mit Stresssituationen von Bedeutung. Bei guten Schülern dürfte das Wissen um ihre Leistungsfähigkeit Stress nur in eingeschränktem Maße auftreten lassen, während schlechte Schüler, die sich des Prüfungserfolgs nicht so sicher sein können, ein erhöhtes Ausmaß an Stress und Angst erleben werden.

Die Einbettung der physiologischen Angstreaktionen bei Prüfungen in den Kontext der eigenen Bewältigungsfertigkeiten und die Unterstützung durch die Eltern untersuchten Spangler und Langenfelder (2001) in einer weiteren Studie an 23 Schülern einer vierten Grundschulklasse. Es wurden zwei reguläre Klassenarbeitssituationen, eine Übungsklassenarbeit als Kontrollsituation und zwei weitere Erhebungen durchgeführt, außerdem ein Hausbesuch. Bei den Klassenarbeiten handelte es sich jeweils um angekündigte, reguläre Mathematik-Klassenarbeiten im ersten Halbjahr. Zur Erfassung der physiologischen Parameter wurden jeweils am Ende der ersten Schulstunde, unmittelbar vor der Klassenarbeit sowie 15 Minuten nach der Klassenarbeit Speichelproben entnommen. Die erste Speichelprobe diente zur Erfassung der morgendlichen Ausgangswerte. Außerdem wurden die Bewältigungsstrategien der Kinder und der elterliche Erziehungsstil überprüft. Bei den

Prüfungssituationen wiesen die Schüler erhöhte Cortisolwerte und erniedrigte Immunwerte auf, allerdings unabhängig vom spezifischen Prüfungskontext, also in allen drei Prüfungsarbeiten. Im Hinblick auf Stressbewältigungsstrategien war bei Prüfungsangst vor allem die Unterstützung durch die Eltern wichtig (vgl. Kapitel 6). Negatives Erziehungsverhalten ging in dieser Studie mit hohen Angstwerten, vor allem in der regulären Klassenarbeit, einher. Besorgtheit und Aufgeregtheiten traten insbesondere bei Schülern auf, die im Elternhaus starke Einschränkungen, viele negative Rückmeldungen und hohe Strafintensität erfuhren.

Wie am Ende dieses Kapitels noch zu zeigen sein wird, gibt es inzwischen eine große Anzahl von Studien, die belegen, dass schulbezogener Stress zur Entwicklung und Aufrechterhaltung von Gesundheitsbeschwerden beiträgt (z. B. Aro et al. 1987, 1989). Während eine kurzzeitige Aktivation unproblematisch ist, sind es die chronischen Anspannungen, die gesundheitliche Folgen haben, wie auch in den Untersuchungen von Spangler (1997) deutlich wurde. In Übereinstimmung mit der chronischen Aktivationshypothese steht eine chronisch zu hohe Arbeitsbelastung (ständig zu viel zu tun zu haben) mit höheren Körperbeschwerden in Beziehung. Wenn also Jugendliche dauernd die Erfahrung machen, dass die Schule ihre eigene Bewältigungskapazität überfordert, werden physiologische Daueraktivation und entsprechend auch auf Dauer Körperbeschwerden auftreten.

Ablehnung durch Mitschüler, Ausgrenzen und Entwerten

Im Jugendalter sind Gruppen besonders wichtig. Die Zugehörigkeit zur Klassengemeinschaft, einer Zwangsgemeinschaft, ist entsprechend von sehr großer Bedeutung für Schüler in diesem Alter. Insbesondere in der frühen Adoleszenz, im Alter von 12 bis 14 Jahren, ist das Bedürfnis nach Gruppenzugehörigkeit so groß, dass Jugendliche »alles tun«, um dazuzugehören. Die Konformität mit Peer-Normen lässt dann im weiteren Verlauf der Adoleszenz deutlich nach und macht einer angemesseneren, kritischeren Sicht Platz. Ein starkes Bedürfnis nach Zugehörigkeit zur Klassengemeinschaft ist also insbesondere bei den Frühadoleszenten zu erwarten. Hinzu kommt, dass durch ein unterschiedliches Entwicklungstempo in der körperlichen Reife Schüler, die womöglich früher einen hohen Status in der Schulklasse hatten, nun diese Position an andere, nämlich Frühreife, verlieren. Die körperliche Reife führt demnach zu rapiden Veränderungen in der Statushierarchie und den Schüler-Schüler-Interaktionen in Schulklassen.

Studien über offen gezeigte Aggression und Gewalt an Schulen sind häufig. Erst in den letzten Jahren begann man die verborgene Kultur der sozialen Grausamkeit in Schulklassen zu untersuchen. Unter dem Begriff »relationale Aggression« wurden Prozesse des Ausgrenzens, Abwertens, Bespöttelns und Ignorierens untersucht und zwar vor allem unter Mädchen. Einige Autoren meinen sogar, diese Beziehungsaggression sei die typische Form der Aggression von weiblichen Jugendlichen, während für männliche Jugendliche die offene körperliche Auseinandersetzung nach wie vor charakteristisch sei. Allerdings fanden nicht alle Studien höhere Werte von Mädchen in relationaler Aggression verglichen mit Jungen (Seiffge-Krenke 2005). Es scheinen auch schulformtypische Unterschiede zu bestehen, denn Gymnasiasten haben in relationaler Aggression deutlich höhere Werte als Hauptschüler, die eher physisch aggressiv vorgehen (Noschka 2004).

Relationale Aggression und Ausschließung unter weiblichen Teenagern, vor allem in den Mädchencliquen, wird von Lehrern kaum wahrgenommen (Simmons 2002). Sunwolf und Leets (2004) untersuchten 682 Jugendliche (9. bis 12. Klassen), indem sie deren Erfahrungen mit Ausschluss und Ausgrenzung, und zwar sowohl selbst ausgeschlossen zu werden als auch andere auszugrenzen, mit Interviews und Fragebogen erfassten. Über 90 % der Teilnehmer der Studie berichteten, schon einmal von einer Gruppe ausgestoßen oder ausgegrenzt worden zu sein. Die narrativen Interviews zeigten fünf Strategien auf, die Peergruppen benutzen, um Ausstoßung (rejection) zu verdeutlichen, nämlich »ignoring«, »disqualifying«, »inciting«, »blaming« and »creating new roles«. In »rejection« berichten Mädchen höhere Werte. Alle Schüler, die zurückgewiesen wurden, egal, ob männlich oder weiblich, berichteten sehr hohe Stresswerte, vor allen Dingen, wenn diese Zurückweisung von anderen beobachtet wurde. Das Beobachten der Zurückweisung von Außenstehenden führt auch bei den Beobachtern in 42 % der Fälle zu erhöhten Stresswerten. Hier haben wir ein Phänomen vor uns, das auch aus der Gewaltforschung bekannt ist, nämlich dass das Beobachten einer Aggression einen fast ebenso hohen Stresswert erzeugt wie selbst Opfer zu sein.

Die Autoren fanden darüber hinaus, Stress entstehe dadurch, dass man unbedingt einer Gruppe angehören möchte. In Extremfällen können solche zurückgewiesenen Jugendlichen sich ganz ausgrenzen und Anschluss an eine delinquente Gruppe suchen und auch finden. Gruppenzurückweisung, verglichen mit offen gezeigter Gewalt und Bullying, ist ein eher »stiller« sozialer Stress im Jugendalter, der häufig ohne Worte erfolgt, beispielsweise durch Ignorieren. Die zurückgewiesenen Jugendlichen verbringen mehr Zeit allein, sind isoliert und haben auf diese Weise natürlich auch weniger Möglichkeiten für die Weiterentwicklung sozialer Fertigkeiten. Darüber hinaus steigt die Wahrscheinlichkeit von zukünftiger Zurückweisung und antisozialem Verhalten (Dodge et al. 2003).

Gewalt und Bullying in der Schule: Persönlichkeitsmerkmale und Copingstrategien von Tätern und Opfern

Seitdem das Phänomen der Gewalt an Schulen zu Beginn der neunziger Jahre des letzten Jahrhunderts in die Schlagzeilen geriet, hat es wie kaum ein anderes schulbezogenes Thema die Aufmerksamkeit von Medien und Öffentlichkeit auf sich gelenkt. Entsprechend der intensiv geführten öffentlichen Diskussionen entstanden Forschungsarbeiten, die ein relativ differenziertes Bild im Hinblick auf Erscheinungsformen und Häufigkeiten sowie von Geschlechts- und Schulunterschieden hinsichtlich Aggression und Gewalt zulassen. So kann es als gesichert gelten, dass lediglich ein relativ kleiner Anteil der Schülerschaft (ca. 7 % bis 10 %) regelmäßig als Täter beziehungsweise als Opfer in Gewalthandlungen involviert ist (Rostampour u. Melzer 1997). Am häufigsten treten verbale Gewaltformen (wie Anschreien, Schimpfwörter verwenden) auf, während Prügeleien und andere körperliche Auseinandersetzungen weitaus seltener vorkommen. Von der Gewaltproblematik am stärksten betroffen sind Sonder- und Hauptschulen (Funk 1995). Des Weiteren üben Jungen häufiger physische Gewalt aus als Mädchen, während im Hinblick auf die verbale Gewalt in einigen Studien keine Geschlechtsunterschiede gefunden wurden.

Bayer und Schmidt-Rathjens (2004) befragten 776 Schülerinnen und Schüler der siebten bis neunten Klassenstufen aus Gymnasien, Real- und Hauptschulen bezüglich Gewalt und Aggression in der Schule. Bei den Tätern war auffällig, dass sie sehr häufig direkte körperliche Angriffe wählten und auch bestimmte Persönlichkeitsmerkmale wie fehlende Willenskontrolle aufwiesen. Auch in dieser Studie war nur eine relativ kleine Gruppe in Gewalt involviert, nämlich 24 %, von denen 10 % Opfer, 8 % Täter und 6 % Täter und Opfer waren. In allen drei Gruppen waren Jungen doppelt so häufig vertreten wie Mädchen. Die Opfer waren mit 13 Jahren durchschnittlich am jüngsten, allerdings nahm der Anteil der Opfer von der siebten bis zur neunten Klasse konstant ab von 17 % auf 2 %, während der Anteil der Täter von 7 % auf 9 % zunahm. 98 % der Schüler und Schülerinnen hatten schon verbale Gewalt (Lästern, Beleidigen) im laufenden Schuljahr erlebt, davon einige sehr häufig, das heißt mehrmals die Woche (15 %), und 85 % seltener, das heißt alle paar Monate.

Bullying ist eine besonders schlimme Form der Aggression, bei der der oder die Täter das Opfer über Wochen und Monate angreifen, bedrohen, entwerten und verletzen, ohne dass das Opfer in irgendeiner Weise Anlass zu dieser fortgesetzten und sadistischen Form der Aggression gegeben hätte. Bullying findet meistens außerhalb der Kontrolle von Lehrern (auf dem Weg zur Schule, in schlecht einsehbaren Ecken des Pausenhofes) statt. Die Opfer wenden sich aus Angst vor weiteren Bedrohungen selten an Lehrer, Mitschüler oder Eltern; in der Regel wird man durch andere Umstände (Schulangst, Leistungsabfall, psychosomatische Beschwerden) auf das Phänomen aufmerksam. Rivers (2004) berichtete, dass auch Suizide und Suizidversuche Folgen von Bullying sein können. Posttraumatische Stresssymptome wurden bei 17 % der Schüler in England gefunden, die Opfer von Bullying gewesen sind. Die Opfer hatten auch sehr hohe Depressionsraten.

Die Zusammenhänge zwischen Stress und Bullying sind häufiger untersucht worden. Nahezu alle Schüler finden Bullying extrem stressreich (Sharp 1995). Aber in nur wenigen Studien wurde untersucht, welche Zusammenhänge zwischen Bullying und der Bewältigung dieses Stresses besteht. In der Untersuchung an 410 finnischen Jugendlichen von Olafsen und Viemerö (2000) waren rund 76 % nicht in das Bullying-Geschehen involviert. 17 % waren Opfer (gleichviel Jungen wie Mädchen), 4 % Bullyer (6 % der Jungen, 2 % der Mädchen) und 2 % waren sowohl Bullyer, also Angreifer, als auch Opfer, nämlich 4 % der Jungen und keines der Mädchen. Zunächst wurde der Schulstress untersucht. Man fand, dass die Jugendlichen generell mehr positive als negative Strategien benutzen, um Stress in der Schule zu bewältigen. Mädchen äußerten häufig die »Stress-recognition-Strategie« (schreien, weinen, Hilfe von anderen bekommen), Jungen mehr »Self-distraction-Strategien« (Zigaretten rauchen, Suizidideen, sich selbst körperlich verletzen, etwas Gefährliches machen). Die Copingstrategien von Aggression und Selbstdestruktion traten häufiger bei Schülern auf, die in Bullying verwickelt waren. Wenn Jungen Opfer von Bullying waren, unterschieden sich ihre Reaktionsformen kaum von denen der Täter, weil auch bei ihnen Selbstdestruktion als Copingstrategie vorkam. Wenn Mädchen dagegen Opfer waren, benutzten sie sehr viel mehr Selbstdestruktionsstrategien verglichen mit Jungen. Diese Studie zeigt eindrucksvoll, dass Mädchen, wenn sie Opfer von Bullying sind, die Aggression häufiger gegen sich selbst wenden. Diese problematische Bewältigungsstrategie – die Aggression ist, wie erwähnt, nicht vom Opfer ausgelöst worden – muss in Präventions- und Interventionsansätzen aufgegriffen und verändert werden.

Kontextfaktoren: Lärm, Klassengröße, Klassenklima, kulturelle Einflüsse

Die meisten Studien favorisierten bisher ein individuelles Modell der Stressverursachung, wobei davon ausgegangen wird, dass individuelle Unterschiede (wie Temperaments- und Stimmungsunterschiede, ungünstige Copingstile wie Rückzug oder problemmeidendes Verhalten) den Stress eher erhöhen als erniedrigen

(Seiffge-Krenke 2000). Auch fehlende soziale Unterstützung kann dazu führen, dass sich der Stress erhöht (vgl. Kapitel 6). Es ist aber wichtig zu berücksichtigen, dass möglicherweise alle Individuen innerhalb eines bestimmten Kontextes unter der gleichen Belastung stehen.

Solche kontextuellen Faktoren sind beispielsweise ein bestimmtes Schulklima oder ein bestimmtes Klassenklima, das im Übrigen auch durch kulturspezifische Faktoren bestimmt wird. In Deutschland hat die Breite des Lehrstoffes durch die Oberstufenreform in den Gymnasien abgenommen, der Notendruck hat sich jedoch wegen des Numerus clausus für eine zunehmende Zahl von Studiengängen an den Universitäten und Fachhochschulen verschärft. Daher ist es erklärlich, dass der Druck, gute Noten zu erhalten, zu den typischen und häufigen Stressoren in unserer deutschen Stichprobe zählt. Auch das Konkurrenzdenken ist entsprechend hoch ausgeprägt. In der bereits erwähnten Studie von Valtin und Wagner (2004) klagten Gymnasiasten über sehr viel mehr Leistungsdruck und den Zwang, gute Noten zu erlangen, als etwa Hauptschüler. Bezüglich des belastenden Klassenklimas unterschieden sich die vier untersuchten Schulformen Gymnasium, Gesamtschule, Realschule und Hauptschule nur wenig. Allen Schülern schienen aber die Belastungen durch Leistungsdruck größer als durch ein negatives Klassenklima. Items wie »Es stört mich sehr, dass es in der Klasse keine Freundschaften gibt« oder »der unpersönliche Umgang mit Mitschülern oder Lehrern« wurden also deutlich weniger stressreich erlebt.

In Norwegen ist es typischerweise so, dass Schüler für eine ziemlich lange Zeitperiode der gleichen Schulklasse angehören, mindestens drei Jahre lang, maximal neun Jahre. Meistens haben sie auch in diesen Klassen dieselben Lehrer. Damit liegen relativ stabile Umweltbedingungen vor. Torsheim und Wold (2001) fanden Hinweise für die Bedeutung von individuellen Unterschieden, aber auch für Kontextfaktoren in ihrer repräsentativen Stichprobe an 1585 norwegischen Schülern mit einem Durchschnittsalter von 13 Jahren. So ergab der Vergleich der 82 Schulklassen, dass der Geräuschpegel und das Ausmaß an Störfaktoren innerhalb einer Klasse ebenfalls zum schulbezogenen Stress beitrugen. Es gab Schulklassen, in denen es mehr Lärm gab als in anderen (vgl. dazu auch die »schwierige Klasse« aus der Sicht von Lehrern in Kapitel 7). Studien der Umweltpsychologie haben in der Tat gezeigt, dass Lärm eine wichtige Quelle von Stress ist. Außerdem variierte Schulstress auch in Abhängigkeit vom umgebenden Kontext. Die von den Schülern erlebte Arbeitsbelastung kann zwischen verschiedenen Klassen sehr stark variieren; so existieren so genannte leichte Klassen, in denen geringere Anforderungen gestellt und weniger Hausaufgaben gegeben werden. Auch diese Faktoren sind bei der Untersuchung von Schulstress zu berücksichtigen.

In der Schweiz besteht durch Aufnahmeprüfungen ein bedeutender Selektionsdruck beim Übertritt ins Gymnasium; nur ca. 20 % der Schweizer Jugendlichen eines Jahrgangs besuchen ein Gymnasium. Da bis dahin in Schweizer Gymnasien nur noch Fächer bis zur Matura unterrichtet werden, bleiben die Klassen als relativ konstante Unterrichtsgruppe bestehen. Die schulischen Leistungsanforderungen sind während der gesamten Gymnasialzeit sehr hoch, sodass ca. ein Fünftel der Schüler entweder die Schule verlässt oder eine Klasse wiederholen muss. Schüler und Lehrer stehen gleichermaßen unter Leistungsdruck, es bleibt wenig Spielraum für eine individuelle Unterrichts- und Beziehungsgestaltung. Außerdem wird dadurch die Kameradschaft innerhalb einer Klasse beeinträchtigt und das Konkurrenzdenken gefördert. Diese Faktoren wurden von verschiedenen Autoren als typische Stressoren für Schweizer Jugendliche beschrieben (Buddeberg-Fischer et al. 2000).

Schulstress: Eine Ursache für psychische und körperliche Beschwerden

Wie dargestellt ist die Schule ein Anforderungsumfeld mit permanenten potenziell belastenden Alltagsstressoren. Zahlreiche Untersuchungen wiesen in der Tat nach, dass sich das subjektive Stresserleben in der Schule auf die körperliche und psychische Befindlichkeit auswirkt. In der Studie von Waligora (2002) wurden insgesamt vier Symptome von den Jugendlichen relativ häufig angegeben, nämlich Einschlafschwierigkeiten (25 %), Kopfschmerzen (17 %), Appetitlosigkeit (13 %) und Abgeschlagenheit (11 %). Die Art und das

Ausmaß der körperlichen Beschwerden sind mit den in anderen Studien gefundenen Prävalenzraten vergleichbar. Nur eine relativ kleine Gruppe, 15 % der Jugendlichen in der Studie von Waligora (2002) und 19 % in der umfangreicheren Erhebung (N = 1700 Jugendliche) von Holler-Nowitzki (1994), gab an, während der letzten vier Wochen gar nicht oder nur selten unter Körperbeschwerden gelitten zu haben. Allerdings lagen die meisten Beschwerden im leichten, das heißt subklinischen Bereich. Im Allgemeinen nennen Mädchen spätestens ab der Mitte der Adoleszenz signifikant mehr Körperbeschwerden als Jungen. Es wird vermutet, dass Beschwerden und Klagsamkeit mit dem männlichen Geschlechtsrollenideal deutlich weniger in Einklang zu bringen sind. Des Weiteren ist zu berücksichtigen, dass es einen positiven Zusammenhang zwischen körperlichen Beschwerden und psychischen Auffälligkeiten wie Depressivität gibt (Roth 2000).

Auch Studien in anderen Ländern belegen den engen Zusammenhang zwischen Schulstress und dem Auftreten körperlicher und psychischer Symptome. In der Schweiz hat man sich mit psychosomatischen Beschwerden von Jugendlichen im Rahmen der Baseler Sport- und Stressstudie (BASS-Studie) befasst. Narring et al. (2004) untersuchten insgesamt 1183 Jugendliche; der Altersdurchschnitt betrug 17 Jahre. Die Körperbeschwerden wurden mit dem Gießener Beschwerdebogen für Kinder und Jugendliche (Brähler 1992) gemessen. Des Weiteren wurden Depression und Angst erfasst sowie die Lebenszufriedenheit und die Ressourcen, über die Jugendliche verfügen, um mit dem Stress umzugehen. Die Ergebnisse zeigen, dass unter den psychosomatischen Beschwerden Erschöpfungsgefühle am häufigsten genannt wurden, gefolgt von Magen- und Kreislaufsymptomen. Die Mädchen fühlten sich signifikant erschöpfter als die Jungen, gleichzeitig berichteten sie über mehr Kreislauf- und Magenbeschwerden. Insgesamt fand man auch hier einen deutlich erhöhten allgemeinen Beschwerdedruck bei den Mädchen. Es ergaben sich keine Altersunterschiede. Gymnasiasten berichteten allerdings über mehr Erschöpfungssymptome als Auszubildende, was vermutlich auf die bereits erwähnte größere Stressbelastung dieser Gruppe zurückzuführen ist. Insbesondere Depressivität und Ängstlichkeit hingen eng mit Körperbeschwerden zusammen. Je mehr psychosomatische Beschwerden berichtet wurden, desto höher war die Wahrscheinlichkeit, dass die Jugendlichen auch an depressiven und angstbezogenen Symptomen litten. Gleichzeitig war das Wohlbefinden gering ausgeprägt. Schüler, die mehr psychosomatische Probleme berichteten, waren mit ihrem Leben sehr unzufrieden.

Clusteranalytisch wurden in der BASS-Studie verschiedene Gruppen unterschieden. Obwohl die meisten Jugendlichen im Durchschnitt nur gelegentliche Beschwerden erwähnten – ähnlich wie in den bereits geschilderten deutschen Studien –, existierte eine Gruppe Heranwachsender, bei denen über alle Beschwerdekomplexe hinweg ein relativ ungünstiges Profil beobachtet werden konnte. Hier fanden sich starke psychische Symptome bei zunehmenden Körperbeschwerden. Immerhin 13 % aller Schüler sind dieser hoch belasteten Gruppe zuzuordnen (18 % der Mädchen, 7 % der Jungen). Sie gaben in den meisten Bereichen an, oft bis manchmal unter solchen körperlichen Beschwerden zu leiden. Besonders häufig waren Erschöpfungszustände; in dieser Gruppe waren überwiegend Mädchen vertreten. Dies deckt sich mit dem bereits dargestellten Befund, dass Mädchen nahezu auf allen Beschwerdedimensionen höhere Werte aufweisen als Jungen.

Auch in der bereits erwähnten Studie von Buddeberg-Fischer et al. (2000) ließ sich ein signifikanter Zusammenhang zwischen Schulstress und psychischen sowie körperlichen Symptomen nachweisen. Über die Hälfte der 556 Schülerinnen und Schüler im Alter von 15 bis 20 Jahren zweier Gymnasien im Kanton Zürich, die sich in der Schule sehr gestresst fühlten, bekamen zwei und mehr Diagnosen. Darunter waren 36 % somatoforme Störungen (vor allem undifferenzierte Körperbeschwerden und Schmerzstörungen), 33 % affektive Störungen wie Depression, 23 % Angststörungen, 4 % posttraumatische Belastungsstörungen und 3 % Essstörungen. Die Ergebnisse zeigen deutliche Zusammenhänge zwischen dem Unterrichtsklima und dem subjektiv erlebten Stress. Die Qualität der Interaktionen zwischen Schülerinnen und Schülern als auch deren Beziehung zur Lehrperson war sehr entscheidend. In dieser Studie korrelierte Schulstress positiv mit dem Konkurrenzdenken ($r = .12$), mit Individualisierungsmangel ($r = .19$) und negativ mit guter Lehrer- und Schülerkooperation ($r = -.18$), was auf eine Puffer-Funktion hinweist.

Ganz ähnlich sind die Befunde, die Torsheim und Wold (2001) an 4952 norwegischen Schülern der Altersstufen 11 bis 15 Jahre hinsichtlich schulbezogenem Stress und Symptombelastung berichteten. Es wurde unter anderem das wöchentliche Auftreten von Kopfschmerzen, Magenschmerzen, Rückenschmerzen und Schwindel erfasst. In der Tat waren Körperbeschwerden wie Kopfschmerzen, Magenschmerzen, Rückenschmerzen und Müdigkeit relativ häufig unter Jugendlichen (Aro et al. 1987). Sie standen in enger Verbindung mit der Suche nach professioneller Hilfe. Generell fand man, dass Mädchen höhere Häufigkeiten von Körperbeschwerden berichten als Jungen und dass generell die Anzahl von Körperbeschwerden in der Adoleszenz zunimmt. Die Autoren beobachteten Symptomcluster, das heißt, dass somatische Beschwerden in der Regel gemeinsam auftraten.

In einer weiteren Studie an 531 norwegischen Jugendlichen der 8., 9. und 10. Klasse (13 bis 16 Jahre) wurde Schulstress mit einer Vielzahl psychosomatischer Symptome in Verbindung gebracht (Murberg u. Bru 2004). Mädchen berichteten signifikant mehr psychosomatische Symptome als Jungen, darunter fielen Kopfschmerzen, Migräne, Bauchschmerzen, Rückenschmerzen und Angespanntheit. Unter den Mädchen war es der Stressor »zuviel Hausarbeiten« (school work pressure), welcher am höchsten die psychosomatischen Beschwerden vorhersagte. Bei den Jungen waren es Schwierigkeiten mit den Klassenkameraden, Sorge wegen schlechter Schulleistungen, zu viel Hausaufgaben, aber auch Schwierigkeiten mit Eltern und Lehrern. Auch in dieser Studie an norwegischen Schülern fand man zahlreiche Unterschiede zwischen Jungen und Mädchen. Mädchen gaben mehr Stress im Hinblick auf das Erreichen von guten Resultaten in der Schule an als Jungen. Andererseits berichteten Jungen, wie erwähnt, mehr Konflikte aus dem Peerbereich, also mit den Klassenkameraden sowie mehr Konflikte mit den Eltern und Lehrern. Möglicherweise haben Mädchen deswegen mehr psychosomatische Symptome, weil sie auch mehr Schulstress erleben. Allerdings klärten Stressoren bei Jungen mehr Varianzanteile der Symptombelastung auf (30 % gegenüber 15 % bei Mädchen), was darauf hinweist, dass für Mädchen noch andere als schulische Stressoren ursächlich für ihre hohe Symptombelastung sind.

Beziehungen zwischen pubertärer Reife, Stress und Gesundheitsverhalten

In diesem Zusammenhang ist es wichtig, sich die enge Beziehung zwischen pubertärer Reife, Stress und Gesundheitsverhalten im Jugendalter klar zu machen. Wie bereits erwähnt, klagen Mädchen über mehr Stress, mehr psychische und körperliche Symptome als Jungen, was mit den erwähnten Geschlechterrollenstereotypen zusammenhängen kann. Es ist aber auch zu bedenken, dass frühe körperliche Reife für weibliche Jugendliche deutlich negative Effekte mit sich bringt. Von frühreifen Mädchen wird berichtet, dass sie depressiver sind, ein negativeres Körperbild haben und in zahlreiche problematische Verhaltensweisen verwickelt sind (Seiffge-Krenke u. Stemmler 2002). Demgegenüber hat Frühreife für Jungen nur positive Effekte; sie verfügen über ein positiveres Körperbild, ein positiveres Selbstkonzept und erreichen einen hohen Status in der Peergroup.

Die Studie von Simon et al. (2003) untersuchte die Beziehungen zwischen Pubertät und drei Gesundheitsverhaltensweisen (Rauchen, Essen und Sport treiben) in ihrem Zusammenhang mit Stress. Über fünf Jahre wurden Daten der »Health and Behavior in Teenager's Study« (HEBITS) gewonnen, ein Schulprogramm, das an 26 Schulen in London durchgeführt wurde. Im ersten Jahr der Studie nahmen 4320 Schüler teil. Unter den frühreifen Mädchen war eine größere Anzahl, die bereits zu rauchen begonnen hatte. Für frühreife Jungen waren, neben dem Ausprobieren von Rauchen, ein höherer Konsum von Fastfood und mehr Sportaktivitäten charakteristisch. Mädchen, die frühreif waren, berichteten auch signifikant höhere Stress-Scores als frühreife Jungen.

Die hormonellen und physischen Veränderungen der Pubertät haben einen direkten Einfluss auf die Emotionen und das Verhalten. Eine Abweichung von dem Timing der Pubertät im Sinne von Frühreife wurde in vielen Studien mit Problemverhaltensweisen und besonderer Stressbelastung assoziiert. Frühreife Jugendliche haben höhere Raten von Substanzgebrauch, Alkohol, Marihuana und Zigaretten (Dick et al. 2000). Es ist zu bedenken, dass frühreife Mädchen in andere Freundschaftsnetzwerke geraten, und zwar mit Mädchen, die ebenfalls frühreif sind oder auch älteren

Jungen und deswegen eher ein erwachsenentypisches Verhalten an den Tag legen, was unter anderem bedeutet, dass sie verstärkt in Drogen- und Alkoholkonsum involviert sind. Das Problem entsteht dadurch, dass diese Verhaltensweisen, die in der Erwachsenenwelt akzeptabel sind, für Jugendliche als Überschreiten einer Norm oder Normbruch verstanden werden (Alsaker 1996). In Bezug auf das Überschreiten von Regeln ist darauf hinzuweisen, dass es eine jugendspezifische Form von Delinquenz gibt (Moffitt 1993, 1996), die nur über die Adoleszenz hinweg anhält und beim Übergang zum Erwachsenenalter verschwindet.

Unterstützung durch Lehrer und Mitschüler: Sind sie »Stress-Puffer?«

Die bisher vorgestellten internationalen Studien haben übereinstimmend ergeben, dass Mädchen mehr körperliche Beschwerden angeben als Jungen. Ein weiterer, häufig berichteter Befund ist, dass Mädchen signifikant häufiger Hilfe anfordern als Jungen (Narring et al. 2004). Letztere schweigen sich dagegen öfter über ihre Körperbeschwerden und psychischen Symptome aus. Weitere Studien haben gezeigt, dass hohe wahrgenommene soziale Unterstützung von Lehrern und Klassenkameraden gegen die negativen Effekte schulischer Belastungen wirken kann. Die Wirksamkeit dieser »Stress-Puffer« ist allerdings stark geschlechtsabhängig, wie noch zu zeigen sein wird.

Die Stresspufferhypothese von Gore und Aseltine (1995) besagt, dass soziale Unterstützung von Lehrern und Klassenkameraden eine Copingressource ist, die die negativen Effekte von Schulstress abpuffern kann. Man unterscheidet zwei verschiedene Modelle: Das Haupteffektmodell behauptet, dass die soziale Unterstützung von Lehrern und Klassenkameraden einen direkten positiven Effekt auf die Gesundheit hat, unabhängig davon, wie groß der Schulstress ist. Die Interaktionshypothese nimmt an, dass die Unterstützung nur als Puffer wirkt, wenn der Schulstress bereits hoch ist. Schulstress wurde allerdings in dieser amerikanischen Studie nur mit einem einzigen Item erfragt, nämlich: »Wie stark fühlst du dich unter Stress in Bezug auf die Schule?« In der Tat zeigen die Ergebnisse, dass niedrige Unterstützung von Lehrern, aber auch niedrige Unterstützung durch Klassenkameraden mit sehr hohen Raten von Körperbeschwerden assoziiert war. Wenn man alle Jugendlichen zusammenfasst, die relativ viel Schulstress erleben und gleichzeitig wenig Unterstützung durch Klassenkameraden und Lehrer bekommen (high risk group), und sie einer Gruppe von Schülern gegenüber stellt, die wenig Schulstress haben und gleichzeitig relativ hohe Unterstützung durch Schüler und Lehrer berichten (low risk group), so zeigt sich, dass nur rund 5 % der »low risk group« Körpersymptome aufweisen, dagegen 40 % der »high risk group«. Man kann also aus dieser umfangreichen Studie schlussfolgern, dass hoher wahrgenommener Schulstress bei gleichzeitiger geringer Unterstützung von Klassenkameraden und Lehrern signifikant mit höheren wöchentlichen Raten von Körperbeschwerden assoziiert ist. Außerdem war auffällig, dass der Schulstress in der Regel mit mehr als einem Symptom zusammenhing. Die meisten Schüler, die über Schulstress klagten, berichteten über ein ganzes Cluster von Symptomen. Ähnliche Zusammenhänge fand man auch in den oben berichteten europäischen Studien.

In diesem Zusammenhang ist allerdings zu bedenken, dass deutsche Studien gezeigt haben (vgl. Waligora 2002), dass soziale Unterstützung etwa bei Mädchen die Effekte von Stress noch erhöhen kann: Mädchen, die sich in einer schulischen Problemsituation mit hoher Wahrscheinlichkeit an eine Freundin wandten, gaben einen höheren körperlichen Beschwerdedruck und mehr Depressivität an als Mädchen, die sich in einer solchen Situation nicht an ihre Freunde wandten. Hier funktionieren die Gleichaltrigen offenkundig als eine Art Klagemauer, was zu einer erhöhten Sensibilität gegenüber Körperbeschwerden und psychischen Symptomen führt. Insgesamt deuten die Ergebnisse darauf hin, dass Peersupport für Mädchen möglicherweise eher problemerhaltend als problemlösend wirkt.

Zusammenfassung

Eine Analyse der Schulstressoren, die von deutschen Jugendlichen häufig genannt wurden, ergab, dass sie besonders unter dem schwierigen Lernstoff, dem Zwang, gute Noten zu erzielen, und dem Konkurrenzdenken unter Mitschülern leiden. Jugendliche in der mittleren bis späten Adoleszenz geben die höchsten Stresswerte an; auch die Stresswerte der Gymnasiasten sind, verglichen zu denen von Schülern anderer Schulformen, stark erhöht.

Etwa 70–80 % der Schüler nehmen diese Probleme aktiv und kompetent in Angriff, Rückzug und ausweichendes Verhalten ist eher selten. Weitere Schulstressoren wie ein Schulwechsel, mündliche und schriftliche Klassenarbeiten, Probleme in der Klassengemeinschaft durch Ausgrenzung, Gewalt und Aggression unter Schülern werden ebenso thematisiert wie belastende schulische Kontextfaktoren wie Lärm. Die gesundheitlichen Auswirkungen von Schulstress in Form von Körperbeschwerden, erhöhter Angst und Depressivität werden aufgezeigt. Die soziale Unterstützung durch Lehrer und Mitschüler hat allgemein eine wichtige Puffer-Funktion, allerdings kann es bei weiblichen Jugendlichen auch zu einer Verstärkung der Symptomatik durch ein »Zuviel« an Unterstützung durch Freunde kommen.

6 Familiäre Herausforderungen und Belastungen

Die Adoleszenz wird im Rahmen der Familienentwicklungstheorie als eine Phase verstanden, in der weit reichende Umstrukturierungen in den Familienbeziehungen stattfinden, die hohe Anforderungen an das Engagement aller Familienmitglieder stellen (Seiffge-Krenke 2004; Perrez et al. 1998). Frühere Sichtweisen betrachteten das Jugendalter hauptsächlich unter dem Gesichtspunkt der Ablösung von den Eltern und stellten die Individualentwicklung des Jugendlichen in den Vordergrund. Gegenwärtige Konzeptualisierungen hingegen betonen die enge Interdependenz zwischen Familienentwicklung und der sozio-emotionalen Entwicklung des Jugendlichen (Carter u. McGoldrick 1989; Schneewind 1995). Die Ablösung des Jugendlichen wird verstärkt vor dem Hintergrund der »Empty-Nest-Situation« für seine Eltern betrachtet (Seiffge-Krenke 2006b). Außerdem wird realisiert, dass vielfältige Entwicklungsaufgaben zu lösen sind, die jede für sich genommen durchaus stressreich sein kann.

Lehrer und Eltern bemerken zu Beginn des Jugendalters vor allem die körperlichen Veränderungen sowie die Stimmungsveränderungen, die zu rasanten Wechseln zwischen »himmelhoch jauchzend« und »zu Tode betrübt« führen. Körperliche und hormonelle Veränderungen, aber auch Widersprüche zwischen Wunschbild und Wirklichkeit der eigenen Person, tragen zur Verunsicherung und zur Unausgeglichenheit vieler Jugendlicher bei. Sie schwanken zwischen Über- und Unterschätzung ihrer Fähigkeiten, schmieden große Zukunftspläne, planen Karrieren und zweifeln kurz danach daran, in der Lage zu sein, die Schule fortzusetzen. Aus diesem Wechselbad der Gefühle mit der Zeit ein stabiles Selbstbild und einen eigenen Lebensentwurf zu entwickeln, ist nicht einfach. Darüber hinaus gibt es in den einzelnen Entwicklungsphasen der Adoleszenz unterschiedliche Belastungen. In diesem Kapitel geht es um die Interaktion zwischen Jugendlichenentwicklung und Familienentwicklung und die Vielzahl alltäglicher Stressoren, die in dieser Entwicklungsphase im familiären Bereich auftreten. Dabei wollen wir wiederum auf unseren kulturvergleichenden Datensatz zurückgreifen und schauen, welche typischen familiären Stressoren vor allem deutsche Jugendliche nennen und wie sie mit schulischen Belastungen zusammenhängen.

Wo sind Jugendliche besonders gefordert?

Das Jugendalter wird nicht nur durch körperliche Reifung und kognitive sowie soziale und emotionale Entwicklung geprägt, sondern auch durch kulturell oder gesellschaftlich beeinflusste Erwartungen. In der Psychologie werden solche Erwartungen an eine bestimmte Lebensphase Entwicklungsaufgaben genannt. Robert Havighurst (1953) hat bereits vor einigen Jahrzehnten eine Reihe typischer Aufgaben zusammengestellt, die für das Jugendalter gelten:
- die eigene körperliche Erscheinung und Geschlechtsrolle akzeptieren;
- reifere Beziehungen zu Altersgenossen aufnehmen und Liebesbeziehungen eingehen;
- sich von den Eltern lösen;
- sozial verantwortliches Handeln anstreben und einüben;
- eigene Werte entwickeln und ein ethisches Bewusstsein aufbauen;
- die berufliche Zukunft vorbereiten;
- Partnerwahl und Familienleben vorbereiten.

Die Entwicklungsaufgaben gelten als gelöst, wenn Jugendliche Wege gefunden haben, die ihrer persönlichen Lebenssituation, ihren Bedürfnissen und Fähigkeiten entsprechen. Allgemein gültige Lösungen oder Patentrezepte gibt es dafür selbstverständlich nicht. Haben Jugendliche keine Gelegenheit, entsprechende Erfahrungen zu sammeln, können sie diese später nicht mehr beliebig nachholen, und wenn, dann nur mit erheblich höherem Einsatz. Obwohl diese Entwicklungsaufgaben bereits vor über 50 Jahren formuliert wurden, gelten sie noch heute für die meisten Jugendlichen der westlichen Welt als verbindlich (Oerter u. Dreher 2002). Geändert hat sich lediglich der zeitliche Rahmen: Die Entwicklungsaufgaben werden durch die körperliche Akzeleration früher virulent und – durch die Verlängerung der Ausbildungszeiten – später beendet als noch vor einigen Jahrzehnten.

Des Weiteren ist zu bedenken, dass die Adoleszenz, die heutzutage einen Zeitraum von ca. acht Jahren umfassen kann (von ca. 12 Jahren bis etwa 20 Jahren), sich in unterschiedliche Abschnitte gliedert, die entsprechend unterschiedliche Stressoren beinhalten können. So stehen in der frühen Adoleszenz (ca. 12 bis 14 Jahre) die körperlichen Veränderungen im Vordergrund sowie Fragen der Identität (»Wer bin ich?«), wobei die starke Orientierung an Gleichaltrigen auffällt. Schulische Fragen beginnen zunehmend unattraktiv zu werden, und eine Leistungssenke ist für viele, vor allem männliche Jugendliche typisch im Zeitraum zwischen 13 und 16 Jahren. Ab der mittleren Adoleszenz (ca. 15 bis 16 Jahre) beschäftigt Jugendliche verstärkt die Frage, ob man einen festen Freund oder eine Freundin hat, und zwar mehr als jedes andere Thema. Das späte Jugendalter (ca. 17 bis 20 Jahre) ist gekennzeichnet durch ein stabileres Selbstbild, ein starkes Streben nach Individualität und Selbstverwirklichung, die weitgehende Unabhängigkeit von der Familie sowie die Konzentration auf die berufliche Zukunft und Partnerwahl.

Veränderungen in der Beziehung zwischen Eltern und Jugendlichen

In der Beziehung zwischen Jugendlichen und ihren Eltern kommt es zu zahlreichen Veränderungen. Die eher unilaterale und komplementäre Eltern-Kind-Beziehung wird zu einer Eltern-Jugendlichen-Beziehung, die sich durch Kameradschaftlichkeit und Gegenseitigkeit auszeichnet (Pikowsky u. Hofer 1992). Ausgeglichene Machtverhältnisse signalisieren einen größeren Einfluss des Jugendlichen auf Familienentscheidungen und familiäre Aktivitäten. Es handelt sich um ein Entwicklungsgeschehen, das nicht erst im

Rahmen der Pubertät einsetzt, sondern eingebettet ist in einen schrittweisen Ablösungsprozess, der in der Kindheit beginnt und oft bis weit in das Erwachsenenalter hinein reicht (Seiffge-Krenke 2006b). Den an klinischen Familien gewonnenen Eindruck einer besonders heftigen und strapaziösen Phase (»Generationskonflikt«) stehen die Befunde an klinisch unauffälligen Familien gegenüber, die darauf hindeuten, dass die Mehrzahl dieser Familien die positiven Aspekte dieser Entwicklungsphase hervorhebt und begrüßt, ohne jedoch den Belastungscharakter zu verleugnen.

Die Veränderungen in der Beziehung zwischen Eltern und Jugendlichen lassen sich an verschiedenen Merkmalen aufzeigen. Mit Beginn der Pubertät nehmen Konflikte zwischen Eltern und Jugendlichen deutlich zu (Seiffge-Krenke 1999; Smetana et al. 1991). Die Machtstrukturen in der Familie sind einer starken Veränderung unterworfen, wobei der Jugendliche zunehmend als kompetenter Partner eingeschätzt wird. Mit fortschreitender Emanzipation des Jugendlichen und seiner wachsenden Ebenbürtigkeit in der Beziehung kann man dann in der mittleren und späten Phase der Adoleszenz eine deutliche Abnahme der Eltern-Jugendlichen-Konflikte beobachten (Baumrind 1991). Die Gruppe der Gleichaltrigen und enge Freunde erschließen neue Erfahrungsmöglichkeiten und lösen die Eltern in vielen Bereichen als bedeutsame Unterstützungspartner ab. Die mit den Eltern verbrachte Zeit geht hierbei deutlich zurück und wird durch Aktivitäten mit Freunden und Freundinnen oder auch durch Phasen des Alleinseins ersetzt.

Für Eltern ist diese »Entthronung« nicht einfach; manche Eltern fühlen sich ausgegrenzt und leiden darunter, nur noch wenig Einblick in die Erfahrungswelt und die Alltagsaktivitäten ihrer Kinder zu haben. Aus entwicklungspsychologischer Sicht ist es aber altersangemessen, dass wichtige, private Informationen nun nicht mehr mit den Eltern, sondern mit den besten Freunden und wenig später dem romantischen Partner geteilt werden (Seiffge-Krenke 2004). Die Eltern bleiben aber nach wie vor Ansprechpartner für wichtige schulische und berufliche Fragen und Entscheidungen. Die zunehmend verbrachte Zeit in den Peergroups bei Freizeitaktivitäten, in die die Eltern wenig Einblick haben, wird von einigen Eltern durchaus kritisch gesehen. Es ist wichtig, das Jugendliche dieses von den Eltern unabhängige Erfahrungsfeld erproben, aber ein gewisses

»Monitoring« durch die Eltern ist dennoch notwendig. Eltern sollten grob darüber informiert sein, wann und wo ihre Kinder ihre Freizeit verbringen. Kerr und Stattin (2000) haben verdeutlicht, dass dies ein durchaus schwieriges Unterfangen ist, bei dem die Eltern Respekt vor der Autonomie ihrer Kinder zeigen müssen. Zuviel elterliche Kontrolle führte nämlich in dieser schwedischen Längsschnittstudie zu einem Bumerangeffekt: Die am stärksten kontrollierten Jugendlichen waren am häufigsten in delinquente und problematische Freizeitaktivitäten involviert.

Aushandeln von Autonomie durch Zunahme von Konflikten

Wie erwähnt, kommt es am Beginn der Adoleszenz zu einer Zunahme von Konflikten. Sie sind Ausdruck des alltäglichen Aushandelns neuer Verhaltensweisen und Regeln und spiegeln das ständige Bemühen um eine Balance zwischen elterlicher Kontrolle und Selbstverantwortlichkeit wider. Eltern-Jugendlichen-Konflikte begleiten nun die gesamte Adoleszenz bis zum Alter von etwa 18 Jahren.

Häufig geht es um das Bedürfnis von Jugendlichen nach Unabhängigkeit und Freiheit, das mit der Sorge und dem Verantwortungsgefühl der Eltern kollidiert. Es geht zum Beispiel um das abendliche Ausgehen, um waghalsige Unternehmungen mit der Freundesclique, Reisewünsche, Auswahl der Freunde und Partner, Hilfe im Haushalt, Vernachlässigung der Schule. Dabei unterscheiden sich die Themen leicht in Abhängigkeit vom Alter. Am Beginn der Adoleszenz sind es vor allem die körperlichen Veränderungen und die damit verbundenen Stimmungsschwankungen sowie eine kurzzeitig andauernde starke narzisstische Selbstbezogenheit, die für Eltern irritierend ist. In der frühen und mittleren Adoleszenz kommt es in aller Regel durch die körperlichen Reifungsvorgänge und die zunehmenden Aktivitäten in Freundesgruppen zu einem schulischen Motivationstief mit entsprechend schlechten Noten, das besonders bei Jungen ausgeprägt ist und zu Eltern-Jugendlichen-Konflikten führen kann. In der Regel werden die Noten ab dem Alter von 16 bis 17 Jahren wieder besser. Weitere Konflikte betreffen das verstärkte Involviertsein in Freizeitaktivitäten und, damit verbunden, in romantische Beziehungen.

In meinen eigenen Studien (Seiffge-Krenke 1997) zeigten sich bedeutsame Unterschiede zwischen Jugendlichen und ihren Eltern bei Interviewfragen nach familiären Problemen und Konflikten. Mütter gaben spontan mehr familiäre Konflikte und Probleme an als die Jugendlichen; Väter nahmen am wenigsten Konflikte wahr. Im zeitlichen Verlauf zeigte sich aber auch eine Differenzierung in den Konfliktthemen: Die Jugendlichen berichteten über mehrere Jahre hinweg zunehmend häufiger über Autonomiekonflikte wie Ausgehzeiten, allein verreisen, während die Eltern Konflikte über Aufräumen des Zimmers und Mithilfe im Haushalt nannten. Es ist bemerkenswert, dass sich der Inhalt dieser Konflikte seit den ersten Studien 1930 kaum gewandelt hat. Die Hauptkonflikte zwischen Eltern und Jugendlichen, so Hill und Holmbeck (1987, S. 215), sind Konflikte über »homeworks, dishes and galoshes«, was man übersetzen könnte mit (nicht gemachten) Hausaufgaben, (nicht abgewaschenem) Geschirr und (herumfliegenden) Schuhen. Es sind also immer dieselben alltäglichen Ärgernisse, über die Eltern und Jugendliche seit über 70 Jahren streiten. Dieses zunächst banal erscheinende Ergebnis ist dennoch bedeutsam, weil es zeigt, dass es offenkundig keine großen Krisen sind, keine »Generationskonflikte«, die das emotionale Band zwischen Eltern und Jugendlichen bedrohen. Aus entwicklungspsychologischer Sicht ist eindeutig die positive, entwicklungsfördernde Funktion von Konflikten zu unterstreichen: ohne Konflikt keine Fortentwicklung. Es wird also weniger die Tatsache von Konflikten beachtet, sondern vielmehr deren unangemessene Häufigkeit für problematisch gehalten. Konflikte sind in klinisch auffälligen Familien wesentlich häufiger (»all families some times – some families most of the time«, vgl. Montemayor 1983, S. 28).

Konflikte werden, wie erwähnt, wesentlich häufiger im Zusammenhang mit Müttern geäußert, die stärker in das Alltagsleben der Jugendlichen involviert sind. Entsprechend groß sind auch die gesundheitlichen Auswirkungen auf die Mütter: Wesentlich mehr Mütter als Väter fühlen sich durch die Pubertät ihrer Kinder gestresst und berichten von Depressivität und psychosomatischen Beschwerden (Seiffge-Krenke 2004). Jugendlichenentwicklung und familiäre Entwicklung sind also eng miteinander verbunden.

Familiäre Konflikte im Kulturvergleich: Die deutschen Jugendlichen

In Kapitel 4 wurde bereits dargestellt, dass die Konfliktbelastung bei deutschen Jugendlichen im internationalen Vergleich nicht besonders hoch ist, verglichen etwa mit Jugendlichen aus Hongkong, die in den PISA-Studien so gut abgeschnitten haben. Aber auch Jugendliche aus einigen europäischen Ländern wie Griechenland oder Italien berichten über wesentlich höhere Werte im Elternstress. Dieses an sich erfreuliche Ergebnis soll im Folgenden genauer betrachtet werden hinsichtlich typischer, häufiger familiärer Stressoren, die von deutschen Jugendlichen in unserer Stichprobe genannt wurden. Insgesamt wurden 10 familiäre Stressoren untersucht. Spitzenwerte erreichten Stressoren wie Item 2 (»Meine Eltern wollen lediglich gute Noten sehen«), Item 3 (»Es gibt oft Streit mit meinen Eltern, weil ich über verschiedene Dinge anderer Meinung bin als sie«), Item 5 (»Meine Eltern lassen mich meine Entscheidungen nicht selbstständig treffen«) und Item 10 (»Ich wünschte, ich wäre nicht so abhängig von meinen Eltern«). Weibliche Jugendliche hatten etwas höhere Werte als männliche Jugendliche, was belegt, das Leistungsdruck und Autonomiewünsche die familiären Stressbelastungen für Mädchen ausmachen.

Dieser Befund ist auch schon in anderen Studien gefunden worden und unterstreicht, dass sich der Ablösungsprozess und die Beziehungsgestaltung in Abhängigkeit vom Geschlecht der Interaktionspartner sehr unterschiedlich entwickeln. Die Beziehung zwischen weiblichen Jugendlichen und beiden Eltern ist zumeist durch ein höheres Ausmaß an emotionaler Nähe geprägt. Insbesondere die Beziehung zur Mutter ist durch starke Gefühle der Verbundenheit bei einer gleichzeitig größeren Anzahl heftiger emotionaler Konflikte gekennzeichnet (Seiffge-Krenke 1997). Männliche Jugendliche treiben ihren Ablösungsprozess energischer voran und werden darin auch weniger gebremst als junge Mädchen. Die in einigen Untersuchungen gefundene Konfliktintensität in Familien mit weiblichen Jugendlichen – bei unverminderter emotionaler Bindung an die Eltern – ist auch so zu erklären, dass weiblichen Jugendlichen größere Einschränkungen für ihre Verselbstständigung auferlegt werden, gegen die sie sich zur Wehr setzen.

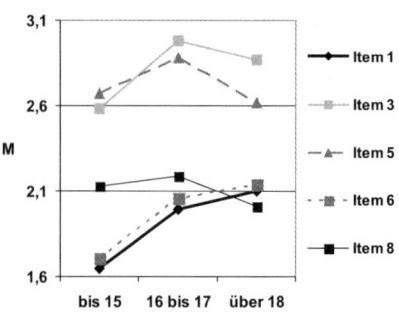

Item 1: Eltern haben wenig Verständnis für Schulprobleme
Item 3: Streit wegen anderer Meinung
Item 5: keine eigenen Entscheidungen zulassen
Item 6: kann nicht mit ihnen reden
Item 8: haben nicht viel Zeit für mich

Abbildung 11: Verschiedene Elternstressoren aus der Sicht deutscher Jugendlicher

Interessant an den Befunden unserer deutschen Stichprobe sind auch Altersunterschiede. Wie zu erwarten, nehmen Auseinandersetzungen wegen verschiedener Ansichten und dem elterlichen Einmischen in die Entscheidungen der Jugendlichen mit zunehmendem Alter der Jugendlichen ab. Allerdings klagen vor allem ältere Jugendliche über Verständnislosigkeit der Eltern und mangelnde Gesprächsbereitschaft.

Was nun das Bewältigungsverhalten angeht, so zeigt Tabelle 1 (S. 69), dass jeder zweite Jugendliche das Gespräch mit den Eltern sucht, um die Konflikte zu lösen. Auch die Kompromissbereitschaft ist recht hoch; sie wurde von 40 % der Jugendlichen genannt. Probleme, die man mit den Eltern hat, bespricht man eher selten mit den Freunden (39 %) verglichen mit schulischen Problemen (53 %). Über Konflikte mit den Eltern wird weniger nachgedacht verglichen mit schulischen Stressoren (48 % gegenüber 61 %). Demgegenüber sind affektive Abreaktionen (Weinen, Türen knallen) bei Konflikten mit den Eltern mit 31 % recht hoch verglichen mit 20 % bei schulischen Problemen.

Wir haben in unseren Untersuchungen bislang noch nicht die Schichtvariable berücksichtigt, die im Rahmen der PISA-Studien zu vielen Unterschieden führte. Es ist zu vermuten, dass Jugendliche aus ärmeren Bevölkerungsschichten in Deutschland und insbesondere Jugendliche aus anderen Ländern, die in großer Armut leben, mehr Konflikte mit den Eltern berichten. Zu dieser Hypothese gibt die Untersuchung von Shek (2004) Anlass, die schulische Anpassung und das Problemverhalten von chinesischen Jugendlichen untersuchte, die aus armen Familien stammten. Bisher gibt es nur wenige Studien, die die Beeinträchtigungen in armen Familien zum Gegenstand haben. Ge et al. (1992) haben darauf hingewiesen, dass Armut einen negativen Einfluss auf dyadische Familienprozesse hat, also die Beziehung zwischen den Ehegatten und die Eltern-Kind-Beziehungen. Anders als in der deutschen Kultur ist Kollektivismus in der chinesischen Kultur ein traditioneller Wert. Chinesen sind sehr viel stärker in ihren Verwandtschafts- und familiären Beziehungen eingebettet als Personen aus der westlichen Kultur. 228 chinesische Jugendliche nahmen an der Untersuchung teil. Man fand, dass ein positives Familienklima mit besseren Schulleistungen und weniger Problemverhalten einherging. Jungen aus armen Familien berichteten mehr Konflikte in den Familien. Die Erziehung ist sehr stark geschlechtsspezifisch, und von Mädchen wird erwartet, dass sie vor ihrer Hochzeit dem Vater gehorchen, danach ihrem Ehemann und wenn sie alt sind ihrem Sohn. Söhne andererseits sind »Oberhaupt« der Familie und müssen für das Familieneinkommen sorgen. Dieser stärkere Druck machte sich auch in einer größeren Anzahl von Eltern-Jugendlichen-Konflikten bei Jungen bemerkbar.

Unterstützung durch die Eltern bei schulischen Problemen

Mit der Pubertät wandelt sich nicht nur die körperliche Erscheinung, auch die kognitiven Möglichkeiten, das Verständnis und das Denken erreichen ein höheres Niveau. Jugendlichen gelingt es immer besser, abstrakt zu denken und komplizierte Aufgaben zu lösen. Von daher ist für viele Eltern und Lehrer die gleichzeitig eintretende Verschlechterung in den schulischen Leistungen irritierend. Während jüngere Schulkinder fast nur in der Gegenwart leben, gewinnen für Jugendliche Vergangenheit und Zukunft zunehmend an Bedeutung. Sie machen sich nicht nur Gedanken darüber, wie die Welt heute ist, sondern auch darüber, was in ihr möglich und denkbar erscheint, was früher geschehen ist und was die Zukunft bringen wird. Dabei werden ihnen zwangsläufig die Widersprüche zwischen Ideal und Wirklichkeit deutlich. Dies ist – neben der Beschäftigung mit den körperlichen Veränderungen und dem starken Interesse an Aktivitäten mit Gleichaltrigen – einer der Gründe für das schulische Motivationstief, das man beobachten kann: Jugendliche fühlen sich zu wenig gefordert und ernst genommen, haben hohe Ansprüche an die Qualität des Unterrichts und »steigen leicht aus«, wenn ihre Ansprüche nicht erfüllt werden. Erwachsene, die als Vertreter dieser Welt gelten (wie Eltern und Lehrer), werden von Jugendlichen oft in Frage gestellt, ebenso wie deren Regeln und Normen. In Einzelfällen kann es geschehen, dass Jugendliche die Erwachsenenwelt sogar ablehnen und den Schulbesuch verweigern (vgl. Kapitel 8).

In der in Kapitel 5 geschilderten Studie von Spangler und Langenfelder (2001) war die soziale Unterstützung durch die Eltern wichtig für die Stressbewältigungsstrategien bei Prüfungsangst. Schüler, die im Hausaufgabenbereich bei Problemen auf soziale Unterstützung zurückgreifen konnten, zeigten insbesondere in der regulären Klassenarbeit geringere Besorgtheit. Für diesen Zusammenhang sind zwei verschiedene Erklärungen möglich. Zum einen könnte die Verfügbarkeit sozialer Ressourcen im Elternhaus einen direkten Einfluss auf die Qualität der Vorbereitung besitzen. Zum anderen könnte das Wissen um das Vertrauen in elterliche Unterstützung insbesondere bei drohendem Misserfolg eine gewisse Sicherheit vermitteln und dämpfend auf sorgenvolle Gedanken einwirken. Dies betrifft auch die Fähigkeit zur emotionalen Regulation, die nach Vorstellungen der Bindungstheorie auf der Basis emotional unterstützender Erfahrungen mit primären Bezugspersonen vor allem in Anforderungssituationen zum Tragen kommt (Spangler 1999). Negatives mütterliches und zum Teil auch väterliches Erziehungsverhalten ging in dieser Studie mit hohen Angstwerten vor allem in der regulären Klassenarbeit einher. Besorgtheit und Aufgeregtheiten traten insbesondere bei Schülern auf, die im Elternhaus starke Einschränkungen, viele negative Rückmeldungen und hohe Strafintensität erfuhren. Ein wesentlicher Anteil sorgenvoller Gedanken in Prüfungen bezog sich auf die drohenden negativen Folgen eines Misserfolgs. Erwartungen von negativen Reaktionen von Seiten der Eltern, die auf schlechte Klassenarbeitsergebnisse folgen, können also ein wesentlicher Bestandteil dieser sorgenvollen Gedanken sein. Individuelle und familiäre Merkmale stellen nach diesen Befunden sehr gute Prädiktoren für Angstreaktionen in schulischen Anforderungssituationen dar. Auch Zusammenhänge zwischen Prüfungsangst und Immunreaktionen konnten festgestellt werden. Hoch besorgte Schüler zeigten im Vergleich zu wenig besorgten Schülern insgesamt, also in allen Klassenarbeitssituationen unmittelbar vor und nach der Klassenarbeit, reduzierte Immunwerte. Auch nach den Ergebnissen von Engel und Hurrelmann (1989) ist die elterliche Reaktion auf schulische Probleme maßgeblich dafür, wie viel schulischer Stress zu einer Verschlechterung der Befindlichkeit führt.

Enge Verknüpfung zwischen familiären und schulischen Problemen

Anhand der oben geschilderten Befunde wird die enge Verknüpfung zwischen schulischen und Elternstressoren bereits sehr deutlich. Genaueren Aufschluss über diesen Zusammenhang geben die Studien von Göttle (2004) und van Marwick (2004), die den Bewältigungsprozess anhand des Stress- und Coping-Interviews (Seiffge-Krenke 1995) analysierten. In diesen Tiefeninterviews wurden 92 Jugendliche nach den genauen Bedingungen des Umfeldes und der Stressbewältigung gefragt (»Was ist genau passiert?«, »Wer war daran beteiligt?«, » Wie hast du das Ereignis erlebt [herausfordernd, bedrohlich, als Verlust]?«, »Wie hast du reagiert [Kognitionen, Affekte, Handlungen]?«, »Wer hat dir geholfen?«, »Hat sich der Stressor dadurch beseitigen lassen?« u. Ä.). Vier Fallbeispiele sollen dies verdeutlichen, wobei die Schüler jeweils Schulkonflikte berichten sollten. Die damit zusammenhängenden Elternstressoren sind aber ebenfalls deutlich und zeigen die enge Interaktion zwischen beiden Stressoren auf.

Fallbeispiel 1
Ulrich ist ein 12-jähriger Hauptschüler und hat einen älteren Bruder. Sein Vater ist Gärtner, die Mutter arbeitet halbtags als Bürokauffrau. Beide Eltern sind Deutsche. Den Schulkonflikt schätzt

Ulrich als Herausforderung mit geringer Wichtigkeit (1) ein, seine schulischen Leistungen insgesamt mit 3. Die Wichtigkeit wurde später auf »5« korrigiert

»In Mathe war ich in der Grundschule immer gut. Und dann kam ich in die Realschule, aber direkt nach den Sommerferien, mit Schulbeginn, bin ich dann die ersten sechs Wochen in Kur [zum Abnehmen] gegangen und habe da nichts von der Schule mitbekommen. Und als ich dann schließlich in die Schule kam, bin ich voll abgesackt.« Als Ursache für die Verschlechterung seiner schulischen Leistungen gibt Ulrich an: »Ich hatte zuviel Stress, das mit der Kur und so. Mir war eigentlich alles zuviel in dem Moment.«

»In der 3./4. Klasse ist das schon einmal passiert, dass ich abgefallen bin. Da haben sie mich gehänselt, weil ich rote Haare habe: ›Deine Haare sind nur so rot, weil du Läuse hast!‹ Damals bin ich auch abgefallen. Ich weiß nicht mehr so genau, wie ich damit umgegangen bin. Ich habe gedacht, wenn ich nur aus der Schule draußen wäre und weg bin. Diese Grundschule habe ich aber noch fertig gemacht, und dann sollte ich auf die Realschule.«
In der Realschule verschlechterten sich Ulrichs Leistungen jedoch derart, dass »meine Lehrerin und meine Mutter dann auf die Idee kamen, dass ich die Schule wechseln solle. Das war für mich halb-halb hilfreich, aber ich wollte jetzt nicht die Schule wechseln.« Seitdem Ulrich in der Hauptschule ist, haben sich seine schulischen Leistungen deutlich verbessert. Dies hat er durch mehr Lernen, teilweise zusammen mit seinem Vater, erreicht. Interessant ist auch seine Äußerung, was er sich in der Konfliktsituation an Hilfe gewünscht hätte: »Schulfrei.«

Bei allen Skalen gibt Ulrich fast ausschließlich die höchsten Werte an. Dadurch ist es zunächst nicht verständlich, warum er die Wichtigkeit des besprochenen Schulkonflikts mit 1 (»gar nicht schlimm«) einschätzt. Dies ist eine eindeutige Diskrepanz zu Ulrichs Schilderungen und seinen emotionalen Empfindungen. Ulrich bewertet den beschriebenen Schulkonflikt als relativ gering. Vermutlich handelt es sich um ein Vermeidungsverhalten, sich bewusst nicht mit unangenehmen oder traurigen Erinnerungen auseinander zu setzen. Ulrich schützt sich durch diesen Abwehrmechanismus, was an und für sich eine gesunde, die psychische Stabilität aufrecht erhaltende Strategie ist. Doch bestehen aufgrund seiner Äußerungen, was er sich an Hilfe gewünscht hätte, Zweifel, ob es sich hier bei Ulrich nicht möglicherweise um eine Copingstrategie handelt, die auf viele ihm unangenehme Situationen angewandt wird und die dadurch dysfunktional wird, weil sie nicht auf die reale Wirklichkeit fokussiert.

Bezüglich schulischer Probleme ist für Ulrich äußerst belastend, dass ihm die Zeit, bis er mit der Schule fertig ist, noch sehr lang vorkommt.

Fallbeispiel 2
Dominik ist ein 13-jähriger deutscher Gymnasiast. Er lebt mit beiden Eltern zusammen, hat einen jüngeren und einen älteren Bruder. Sein Vater ist Betriebsleiter, seine Mutter Hausfrau. Dies ist ein Beispiel für einen Schulkonflikt, der als wichtig eingestuft (9) und von dem Schüler als Schaden erlebt wurde. Seine schulischen Leistungen insgesamt schätzt Dominik mit 2 ein.

»Neulich in Mathe, da bin ich eigentlich Einser-/Zweierkandidat, da hatte ich eine 4 – ein Ausrutscher, ich habe sonst in anderen Fächern auch gute Noten, selten mal eine 3 – das war meine erste 4. Ich hatte mich nicht richtig konzentriert – das denken auch meine Eltern. Es waren Schusseligkeitsfehler. Aber vorbereitet hatte ich mich genug. Ich weiß nicht, wie es dann dazu gekommen ist, eigentlich war alles wie immer. Während der Arbeit hatte ich das Gefühl, alles ist gut. Bevor wir dann die Arbeit zurückgekriegt haben, ging der Lehrer alle Aufgaben noch mal durch, und dann habe ich schon gemerkt, oh Scheiße, ich habe jede Menge Fehler und da war das Gefühl schon da, oh bitte, bitte, hoffentlich wird's noch eine 3 – aber dann war's eine 4. Als Erstes habe ich gedacht: Oh, verdammt, das gibt Ärger zu Hause! Und das hat jede Menge Stress mit sich gebracht. Habe mir die Arbeit angeschaut, ob der Lehrer nicht irgendwo noch einen Fehler gemacht hat, um die 3 noch zu retten, denn, wenn ich 1 Punkt mehr gehabt hätte, hätte ich noch eine 3 minus bekommen.

Das war ein Schrecken, es ist mir im Gedächtnis geblieben, was ich für einen Ärger zu Hause bekommen habe – das war hart. Mein Vater hat erst mal ein bisschen ungläubig geguckt, dann wurde er schon ein bisschen unruhig und hat dann gesagt, hoffentlich passiert das nicht noch mal und so – das war hart. [Dominik fängt an zu weinen, der Interviewer fragt, ob sie eine Pause machen sollen, aber Dominik sagt, das geht schon. Der Interviewer gibt ihm ein Taschentuch. Während des ganzen Gespräches schluchzt er und kämpft mit den Tränen.] Die Mutter war ruhig und fragte: ›Willst du mich jetzt reinlegen?‹ – sie war es ja nicht gewohnt. Sie war geschockt. Sie sagte, ich rede mal mit dem Papa darüber, sonst hat sie nicht mehr viel dazu gesagt. Das war schlimm für mich, dass sie so geschockt war. Abends als der Vater nach Hause kam, dachte ich, sie hätte es ihm schon erzählt – hat sie aber nicht. Und dann erst mal so ›guten Tag‹ und dann habe ich die Mama gefragt, ob sie es ihm schon erzählt hat, hatte sie aber nicht ... und dann habe ich es ihm erzählt. Er war sauer. Er hat geschimpft. ›Wie ist denn das passiert, hast du etwa nicht gelernt und so.‹ Es hat sich dann auch nicht verändert, er hat später nicht gesagt, dass es nicht so schlimm sei – es ist dabei geblieben. Ich habe auch geweint und war dann sehr schweigsam. Da waren danach noch zwei, drei Arbeiten in anderen Fächern. Da habe ich mich dann richtig angestrengt. In der einen hatte ich dann eine 1 und in der anderen eine 2+. Ich habe dann so ein bisschen bewiesen: Ich kann lernen und so.«

Fallbeispiel 3

Jasmin ist eine 16-jährige Hauptschülerin mit deutscher Staatsangehörigkeit. Ihre Eltern sind Tunesier und leben seit 25 Jahren in Deutschland. Sie hat drei Schwestern im Alter von 8, 22 und 24 Jahren und zwei Brüder im Alter von 19 und 27 Jahren. Der Vater ist Wärter bei der Bundesbahn, die Mutter Hausfrau und stundenweise als Putzfrau tätig. Dies ist ein Beispiel für einen Schulkonflikt, der als wichtig eingestuft (7) und als Bedrohung erlebt wurde. Ihre schulischen Leistungen insgesamt schätzt Jasmin mit 2 ein.

»Ich bin in Mathe eigentlich recht gut (2–3) und habe vor kurzem eine 6 in der Klassenarbeit bekommen. Das war für mich erst mal voll der Schock. Ich habe mir überlegt, wie soll ich das jetzt meinen Eltern erklären, ich bin ja sonst eine gute, ordentliche Schülerin. Ich hatte auch gut gelernt und mir sehr viel Mühe gegeben, und dann kamen plötzlich ganz andere Sachen und die waren dann viel schwerer als ich gedacht habe. Mit einer 6 hätte ich nie gerechnet – nie! Ich dachte eine 4 oder schlechte 4-, aber auf 5 oder 6 wäre ich nie gekommen. Da saß dann voll der Schock, das hat mir total meine Laune daneben gehauen und ich habe mir auch selber Stress gemacht. Mein erster Gedanke war, wie soll ich die Note wieder gut machen, die nächsten Arbeiten müssen auf jeden Fall wieder besser sein oder ich muss im Unterricht mehr mitarbeiten. Und ich musste mir erst mal was einfallen lassen, wie ich es meinen Eltern beibringe. Es war ganz schlimm für mich, ganz ehrlich, ich habe mich ganz komisch gefühlt, ich habe das erst gar nicht richtig wahrgenommen, nicht geglaubt. Ich dachte, ich muss eine Lösung finden, um das wieder gut zu machen. Ich dachte, ich habe die 6 geschrieben und es ist halt so – ich kann ja nicht die Welt, die Zeit zurückspulen, das geht ja nicht. Ich muss es jetzt erst mal akzeptieren und überlegen, wie ich es besser mache, wie ich einen guten Weg finde.

Mein Lehrer war auch enttäuscht. Und meinen Eltern musste ich es ja sagen. Sie waren auch erst mal sehr enttäuscht. Ich habe gesagt, die vorherigen Noten waren ja besser und ich habe versprochen, dass die nächste auch wieder besser wird. Die haben z. T. auch geschimpft. Meine Mutter hat gemeint, du gehst ja oft raus und vielleicht hängt es damit zusammen. Eigentlich nicht, weil ich habe ja gelernt und erst als ich dachte, ich habe genug gelernt, bin ich mit Freunden rausgegangen. Mein Vater war auch sauer, und sie haben gesagt, ich soll in Zukunft nicht mehr so oft weggehen und lieber lernen.

Es war eine Drohung, die 6 war, als würde jemand sagen, jetzt pass mal besser auf, wie eine Warnung halt. Ich passe auf und lerne, wenn wir wieder eine Arbeit schreiben, damit es keinen Ausrutscher mehr gibt.«

Fallbeispiel 4

Harkan ist ein 13-jähriger türkischer Hauptschüler. Er lebt mit seiner Mutter, seinen drei älteren Brüdern (15, 16, 20) und einer jüngeren Schwester (10) zusammen. Seine Mutter ist stundenweise als Putzfrau tätig, sein Vater ist vor wenigen Jahren gestorben. Er war für zweieinhalb Jahre wegen Hyperaktivität in therapeutischer Behandlung. Dort absolvierte er ein »Ruhetraining« – früher war es von seiner Seite öfter schon mal zu Schlägereien gekommen. Auch durch Sport hat er das Ganze jetzt – wie er sagt – »im Griff«. Dies ist ein Beispiel für einen Schulkonflikt, der als wichtig eingestuft (8) und von dem Schüler als Herausforderung erlebt wurde. Seine schulischen Leistungen insgesamt schätzt Harkan mit 1 ein.

»Habe in Deutsch im Aufsatz vor 2 Monaten eine 4 geschrieben, ich habe sonst nur 2er und 3er. Ich hatte an dem vorigen Tag nicht genug gelernt, ich lerne sonst immer vor jeder Arbeit und da habe ich einfach mal vergessen, habe gedacht, die Arbeit käme ein paar Tage später und da kam sie früher, als ich es gedacht habe und da habe ich die schlechte Note geschrieben. Ich dachte, dass ich ein bisschen Ärger kriege zu Hause, dachte, meine Mutter würde schimpfen. Ich bin dieses Jahr vom Gymnasium gekommen und will auch dieses Jahr wieder weg von hier. Möchte auf eine Realschule, wenn es möglich ist. Dachte, wenn ich die nächsten Arbeiten auch so schreibe, komme ich vielleicht nicht auf eine andere Schule. Habe mich für diese Arbeit vor meiner Mutter geschämt und es ihr erst mal nicht gezeigt. Ich habe meine Gefühle, die Angst und Nervosität und das alles verdrängt. Das war auch ein bisschen schwierig für mich, habe mich hinter meinen Büchern versteckt, damit meine Mutter und meine Brüder nichts merken. Es hat mich herausgefordert, ein Referat zu schreiben, habe es aber für mich behalten – war nur zum Üben. Eigentlich wollte ich mit dem Referat die Anerkennung von meiner Lehrerin, dass sie merkt, dass ich nicht so schlecht bin, dass ich kein Faulenzer bin . . . hatte aber keinen Mut, es ihr zu zeigen. Ich schreibe gerne Referate, aber dann traue ich mich nicht, es meiner Lehrerin zu sagen – habe Angst davor, dass die anderen mich als Streber bezeichnen würden.

Ich habe zu Hause also so getan als wenn ich lernen würde. Und ich habe auch gelernt in diesen Tagen und dann habe ich es auch nach zwei Tagen gesagt, weil ich nicht mehr mit dem Druck auskam. Ich hatte so ein komisches Gefühl im Magen, hatte Schuldgefühle, dass ich sie anlüge und betrüge, obwohl sie mir immer Essen zubereitet und so, mich versorgt – und ich hatte auch Angst, dass ich es niemals sagen würde, dass ich nicht so viel Mut aufbringen würde, um es meiner Mutter zu sagen. Habe gedacht, sie würde sagen, ich müsste mehr lernen ... also habe ich schon im Vorhinein gelernt und *dann* habe ich es ihr gesagt, auch dass ich es verheimlicht habe ... sie war dann eigentlich nicht sehr böse, hat nicht geschimpft, war aber ein bisschen enttäuscht. Sie sagte ›ich würde dich doch niemals anschreien. Wenn du die Wahrheit gesagt hättest, dann hätte ich die Arbeit unterschrieben und du hättest sie zurückgeben können.‹ Sie hat dann gemerkt, dass ich auch gelernt habe und meine Arbeit verbessert habe und alles Mögliche und dann hat sie gesagt: ›Ok, wird beim nächsten Mal besser.‹«

Familienbeziehungen und Bewältigungsverhalten

In den geschilderten Fallbeispielen wird die große Bedeutung schlechter Noten deutlich und dass enge Beziehungen zwischen Stressoren im schulischen und familiären Bereich bestehen. Offenkundig sind die Formen des Umgangs mit Stressoren in der Familie sehr entscheidend für die Bewältigungsleistung der Jugendlichen. In die gleiche Richtung weisen Befunde im Rahmen der Bindungsforschung, die einen Zusammenhang zwischen wahrgenommener Verbundenheit in der Beziehung zu den Eltern und dem emotionalen Wohlbefinden von Jugendlichen herstellen. Die Bindungsbeziehung ist eine spezifische Form der Eltern-Kind-Beziehung. Dabei spielen Fähigkeiten zur Emotionsregulierung eine besondere Rolle und werden schon früh in der Interaktion zwischen Kind und Eltern erworben. Diese Fähigkeiten werden in Familien mit Jugendlichen bedeutsam, wenn es um den Umgang mit negativen Affekten wie Wut, Verzweiflung, Depression und Trauer geht.

Die Bindungssicherheit hat also entscheidenden Einfluss auf das Bewältigungsverhalten. Im Zuge der frühen Bindung an die Eltern werden wichtige Fertigkeiten wie Emotionsregulierung erworben. Auch werden andere Personen als potenziell hilfreich angesehen und man erlebt sich selbst als kompetent. In einer Studie an texanischen Jugendlichen stand Bindungssicherheit positiv in Beziehung mit familiärer Kommunikation und negativ mit ausweichendem Verhalten wie Trinken und Drogenkonsum (Howard u. Medway 2004). Jugendliche, die unsicher gebunden waren, hatten sehr viel höhere Stresslevels als sicher gebundene Jugendliche. Diese Befunde sind wichtig, weil sie zeigen, dass sicher gebundene Jugendliche in Zeiten von Belastungen gezielt mit ihren Eltern sprechen und dass sie Unterstützung und Rat bei anderen auch außerhalb der Familie suchen, also effektive Copingstrategien einsetzen, die zu positiver Adaptation führen. Unsicher gebundene Jugendliche zeigen eher vermeidende Strategien, möglicherweise weil ihnen das Vertrauen in andere fehlt und sie sich wertlos und nicht unterstützenswert finden. Eine längsschnittliche Betrachtung über einen Zeitraum von mehreren Jahren bestätigte, dass unsicher gebundene Jugendliche kaum Zugewinne in den aktiven Bewältigungsstilen machen, während sicher gebundenen Jugendliche zwischen ihrem 14. und 21. Lebensjahr Zugewinne um 75 % in aktiver Bewältigung und internaler Bewältigung machten (Seiffge-Krenke u. Beyers 2005). Diese Studien unterstreichen die Bedeutung der Bindungsgeschichte und der Bindungserfahrungen für die Stressbewältigung im schulischen Kontext. Wenn man also Stressmanagementstrategien bei Jugendlichen unterrichten oder fördern möchte, so ist es auch wichtig, vertrauensvolle Beziehungen innerhalb der Familie anzuregen und eine verstärkte Kommunikation zu unterstützen.

Dabei ist zu bedenken, dass das Belastungserleben und der Copingstil durch antizipierende Stimmungen moderiert werden. Positive Stimmungen erleichtern funktionale, das heißt adaptive Bewältigungsstrategien. Perrez et al. (1998) haben ein Verfahren entwickelt, mit dessen Hilfe man dyadische und familiäre Prozesse des Belastungserlebens in einem komplexen Erfassungssystem eintragen kann. Das Familien-Self-Monitoring-System (FASEM) erfasst unter anderem die Emotionen, den Verhaltensrahmen (z. B. Ort und anwesende Personen), wie weit man selbst davon betroffen ist, die Ursachenzuschreibung, die Kontrollierbarkeit, das Coping und die Beurteilung der Reaktionen der anderen. Die Familienstichprobe bestand aus 46 Personen, 14 Müttern, 12 Vätern, 10 männlichen und 10 weiblichen Jugendlichen. Die Jugendlichen hatten ein anderes Stimmungsprofil als die Eltern, was sich wiederum auf die Bewältigung auswirkte.

Die Qualität der familiären Beziehungen ist demnach ganz entscheidend für die Fähigkeit zur Stressbewältigung. Familien unterscheiden sich in der Regel in ihren Fähigkeiten, mit Gefühlen umzugehen, Konflikte produktiv zu lösen und die zunehmende Verselbstständigung der Jugendlichen zu unterstützen. In einer Studie an 215 Jugendlichen fanden sich durch Clusteranalyse insgesamt vier verschiedene Familientypen (Seiffge-Krenke 1995). Familien, in denen wenig emotionale Nähe bestand, die sich durch viele Konflikte und wenig Möglichkeiten zur Autonomie von Jugendlichen auszeichneten (N = 32), brachten Jugendliche hervor, die unter ständiger großer Stressbelastung litten und wenig kompetente Bewältigungsstrategien aufwiesen. Diese Jugendlichen zogen sich bei Problemen zumeist zurück und waren wenig aktiv. Es lässt sich leicht nachvollziehen, dass diese maladaptiven Bewältigungsstile zu einer weiteren Erhöhung von Alltagsstress beitrugen. Auch in Familien, in denen ein starker Leistungsdruck herrschte (N = 53), erlebten die Jugendlichen viel Stress, allerdings waren ihre Bewältigungsstile etwas aktiver; aber auch Rückzug war häufig. Jugendliche aus diesen Familien zeigten also insgesamt ein ambivalentes Bewältigungspattern. Familien dagegen, in denen es wenig Struktur und Vorschriften gab (N = 65), hatten zwar Jugendliche, die wenig Stress erlebten, ihnen fehlte allerdings auch der kompetente Umgang mit Stress; sie waren insgesamt eher passiv. Am besten war die Bewältigungskompetenz bei Jugendlichen, die aus Familien mit warmer Familienatmosphäre, einem mittleren Ausmaß an Konflikten und einem mittleren Ausmaß an Struktur stammten (N = 57). Diese Jugendlichen lösten ihre Konflikte aktiv und kompetent und dachten auch besonders häufig über mögliche Lösungen nach.

Der Einfluss sozialer Unterstützung durch Eltern und Freunde und der Zusammenhang zu Körperbeschwerden als Stressreaktion

Soziale Unterstützung durch die Familie, insbesondere durch die Eltern, ist während der Kindheit von großer Bedeutung. Im Jugendalter kommt es trotz einer Zunahme der Bedeutung Gleichaltriger nicht zu einer Minderung der subjektiven Bedeutung elterlicher Unterstützung (Fend 1990). Frey und Röthlisberger (1996) konnten zeigen, dass sich Jugendliche sowohl in alltäglichen Situationen als auch in schwerwiegenden Problemsituationen eher an ihre Eltern als an Freunde wenden. Die Zufriedenheit mit der elterlichen, insbesondere mit der mütterlichen Unterstützung war enger mit Maßen des Wohlbefindens assoziiert als die Zufriedenheit mit der Unterstützung durch Gleichaltrige. Im Hinblick auf psychosomatische Beschwerden fanden auch Holler und Hurrelmann (1990), dass Eltern als die dominantere Bezugsgruppe bewertet wurden. Dabei schließt auch eine hohe Konflikthäufigkeit mit den Eltern nicht aus, diese in Problemsituationen als Ansprechpartner zu betrachten.

Eltern und Freunde werden bei unterschiedlichen Problemen zu Rate gezogen. Meeus (1989) konnte zeigen, dass Peers eher im Hinblick auf Themen aus dem Freizeitbereich kontaktiert werden, Eltern jedoch bei schwerwiegenden Problemen wie bei Fragen der Berufswahl oder bei Schwierigkeiten in der Schule herangezogen werden. Des Weiteren finden sich deutliche Altersunterschiede, die sich mit der Zeit noch verstärken. Ältere Jugendliche, das heißt Jugendliche aus der 8. Klasse, in der Studie von Waligora (2002) wandten sich erwartungsgemäß signifikant seltener an ihre Eltern mit der Bitte um Unterstützung als Jugendliche der 6. Klassen. Dieser Effekt nahm im folgenden Jahr noch zu. Schülerinnen der achten und neunten Klasse wendeten sich häufiger an gleichaltrige Freunde und Freundinnen als ihre jüngeren Mitschüler (6. und 7. Klasse). Des Weiteren fand sich ein signifikanter Geschlechtseffekt dahingehend, dass Mädchen eher bereit sind, sich an Gleichaltrige zu wenden.

Anders als in der Gruppe der Jungen, in der kein bedeutsamer Zusammenhang zwischen den Unterstützungsvariablen und dem

Ausmaß an Körperbeschwerden gefunden wurde, ergaben sich für Mädchen sowohl im Hinblick auf Unterstützung durch Eltern als auch im Hinblick auf Unterstützung durch Freunde signifikante Zusammenhänge mit dem körperlichen Beschwerdedruck. Bei den Mädchen fanden sich negative Korrelationen zwischen Körperbeschwerden und elterlicher Unterstützung ($r = -.33$) und positive Korrelationen zwischen Körperbeschwerden und Unterstützung durch die Gleichaltrigen ($r = .36$). Dieses Ergebnis impliziert, dass Körperbeschwerden gering sind, wenn die elterliche Unterstützung aus der Sicht der Mädchen hoch ist, dass aber, wenn die Unterstützung durch Freunde hoch ist, auch das Ausmaß an Körperbeschwerden steigt. Unabhängig von der Güte der Schulleistungen ging ein hohes Ausmaß wahrgenommener Unterstützung durch Gleichaltrige mit einer stärkeren Belastung durch Körperbeschwerden einher. Ein gegenläufiger Effekt der sozialen Unterstützung durch Eltern und Peers ließ sich somit nur für die Mädchen bestätigen. Andere Autoren fanden einen solchen gegenläufigen Effekt für beide Geschlechter (z. B. Felder 1997). Generell aber werden schlechte Schulleistungen – unabhängig von der Unterstützung durch Freunde oder Eltern – von einem erhöhten körperlichen Beschwerdedruck begleitet.

Zusammenfassung

Die Adoleszenz, die heutzutage einen Zeitraum von ca. 12 Jahren bis etwa 20 Jahren umfasst, gliedert sich in unterschiedliche Abschnitte, die unterschiedliche Stressoren beinhalten. Besonders die frühe und mittlere Adoleszenz ist eine Belastungsprobe für viele Familien, wie an einer starken Zunahme von Eltern-Jugendlichen-Konflikten deutlich wird. Mit zunehmendem Alter der Jugendlichen nehmen allerdings die Auseinandersetzungen wegen verschiedener Ansichten und dem elterlichen Einmischen in die Entscheidungen der Jugendlichen ab. Jeder zweite Jugendliche sucht das Gespräch mit den Eltern, um die Konflikte zu lösen. Die Kompromissbereitschaft ist recht hoch, allerdings auch die affektiven Abreaktionen, verglichen mit den entsprechenden Werten bei schulischen Problemen. Fallbeispiele illustrierten die engen Beziehungen zwischen Stressoren im schulischen und familiären Bereich. Die Familie setzt auch den Rahmen für den Umgang mit Stress, unter anderem über die Bindungsbeziehungen zwischen Eltern und Kind, in der Fähigkeiten zur Emotionsregulierung gelernt werden, aber auch über die Modellfunktion der Eltern für das Bewältigungsverhalten. Elterliche Unterstützung bleibt für viele Jugendliche – trotz zunehmender Bedeutung der Freunde – weiterhin zentral.

7 Belastungen von Lehrerinnen und Lehrern

In den PISA-Studien wurde die Perspektive von Lehrerinnen und Lehrern kaum berücksichtigt. Das Schulsystem hat sich in den letzten Dekaden beträchtlich verändert, zugleich haben Lehrer immer mehr Erziehungsarbeiten zu übernehmen. Im Vergleich zu Lehrern in anderen Ländern sehen sich Lehrer in Deutschland zunehmend stressreichen Arbeitsbedingungen gegenüber: Sie haben relativ große Klassen zu unterrichten, wenige pädagogische Ressourcen zur Verfügung und bekommen kaum Unterstützung für ihre Arbeit. Zugleich ist die Reputation dieser Berufsgruppe denkbar schlecht. Medienberichte zum Thema berufliche Belastungen und Frühpensionierung von Lehrerinnen und Lehrern finden hohe, zwiespältige Resonanz. Beiträge mit eher abwägender Darstellung (z. B. Süddeutsche Zeitung, 16.04.1999, S. 3: »Ausbrennen im 45-Minuten-Takt. Sie fangen als Idealisten an und enden frustriert in der Frühpensionierung«) sind eher selten. Häufiger dagegen sind Berichte, nach denen Lehrer einen Halbtagstraumjob mit langen Ferienzeiten haben (»Ein Lehrer hat vormittags Recht und nachmittags frei«). Lehrergewerkschaften sehen Lehrer demgegenüber eher als heillos überlastete Opfer von Gesellschaft und Politik. Die Debatte wird sehr emotional geführt, obgleich man gerade in Bezug auf Lehrerbelastungen auf umfangreiche Basisdaten etwa aus der kulturvergleichenden EUROTEACH-Studie zurückgreifen könnte. In diesem Kapitel sollen daher empirische Studien vorgestellt werden, die sich mit der Arbeitssituation von Lehrern und deren typischen Belastungen und Anforderungen beschäftigen. Gerade in den letzten Jahren ist eine sehr große Zahl von Studien zu diesen Aspekten publiziert worden; zusammengenommen gibt es sehr viel mehr Studien über Lehrerstress als etwa über Schülerstress oder familiäre Belastungen. Eine erhebliche Anzahl von Studien beschäftigt sich im Übrigen mit den gesundheitlichen Auswirkungen von Lehrerstress.

Berufswahlmotive und Berufszufriedenheit

Bei der Berufswahl handelt es sich um einen Prozess der Entscheidungsfindung, der durch eine ganze Reihe von Faktoren beeinflusst wird. Dabei nehmen individuelle Motive sowie persönliche Erwartungen und Vorstellungen über den angestrebten Beruf eine wichtige Rolle ein. In Bezug auf die Motive für die Wahl des Lehrerberufs wurde mittlerweile eine Reihe von Untersuchungen vorgelegt. Aus ihnen geht hervor, dass pädagogische und erzieherische Motive sowie eine positive Grundeinstellung zur Arbeit mit Kindern und Jugendlichen bei den meisten Lehramtsstudierenden dominieren (Oesterreich 1987). Neben diesen eher intrinsischen Motiven gibt es aber auch extrinsische Motive, die sich zumeist auf die vermeintlich angenehmen Seiten des Lehrerberufs beziehen wie sicherer Arbeitsplatz, lange Ferien und flexible Zeiteinteilung. Diese extrinsischen Motive waren aber in aller Regel geringer ausgeprägt als die intrinsischen. Die meisten Lehrer weisen eine mittlere Berufszufriedenheit auf. Dabei zeigten die Studien, dass es die pädagogische Tätigkeit ist, die die höchsten Zufriedenheitswerte verursacht. Geringere Zufriedenheitswerte wurden für die Zusammenarbeit mit Kollegen und Eltern ermittelt. Eher unzufrieden erlebten sich Lehrer hinsichtlich der gesellschaftlichen Anerkennung ihrer Arbeit. Die Berufszufriedenheit hängt erwartungsgemäß auch mit der erlebten Berufsbelastung von Lehrern zusammen (Urban 1992).

In der Studie von Martin und Steffgen (2002) an 402 luxemburgischen Grundschullehrern wurde die aktuelle Berufszufriedenheit ermittelt und untersucht, welche Einflüsse Berufswahlmotive auf die Berufszufriedenheit dieser Lehrer haben. Lehrer, die ihre Berufswahl stärker mit einem positiven Berufsbild und weniger mit der Suche nach Annehmlichkeiten bei der Ausbildung oder im Berufsleben begründeten, gaben auch weniger Probleme beim Berufseinstieg an und zeigten sich insgesamt zufriedener in der Ausübung ihres Berufes. Die Studie belegt, dass sich bereits bei Studienantritt Risikokonstellationen von Berufswahlmotiven identifizieren lassen, die mit Problemen beim Berufseinstieg sowie einer verminderten Berufszufriedenheit in Zusammenhang stehen. Während gesellschaftliche Anerkennung einen relevanten Einfluss auf die Zufriedenheit ausübte, waren Schwierigkeiten bei der Planung und Vorbereitung der Unterrichtsführung sowie Zufriedenheit mit dem Elternkontakt und dem Fremdbild negativ mit der Berufszufriedenheit korreliert ($r = -.31$). Hieraus lassen sich praktische Schlussfolgerungen für die Berufsberatung von Lehramtsstudenten ziehen. Als nützlich könnte sich erweisen, Lehramtsstudierende zu einer kritischen Reflexion ihrer Berufswahlentscheidung anzuregen und auf den zentralen Stellenwert von Schwierigkeiten bei der Schüler- und Unterrichtsführung hinzuweisen.

Arbeitszeit und Zeitmanagement im Lehrerberuf

Die Arbeitszeit des Lehrers ist ein Dauerbrenner in den Diskussionen über Lehrerbelastungen. Diesbezügliche Untersuchungen wurden in der Bundesrepublik Deutschland wiederholt durchgeführt und zeigen von 1958 bis zum Jahr 2000 kontinuierlich gleichermaßen hohe Stundenzahlen, die im Mittel bei 48 liegen. In neueren Studien wurden Zahlen zwischen 40 und 43 Stunden pro Woche von Lehrern genannt; Vergleichsgruppen mit Angestellten nannten dagegen zwischen 38 und 42 Stunden (Meyer u. van Dick 2002). Die Unterrichtsstunden sind entsprechend des Schultyps unterschiedlich. So wurden insgesamt 24 Stunden als wöchentliche Unterrichtszeit festgelegt, allerdings arbeiten Grund- und Hauptschullehrer 27 Unterrichtsstunden, Realschullehrer 25 Stunden, Gymnasiallehrer 22 Stunden und Berufsschullehrer 24 Stunden. Entsprechend der unterschiedlich umfangreichen Vorbereitungszeit schwankt die wöchentliche Arbeitszeit nach Rudow (1996) zwischen 44 Stunden (Grund- und Hauptschullehrer) und 49 Stunden (Gymnasiallehrer und Berufsschullehrer). Neben dem Unterrichtsdeputat sowie Vor- und Nachbereitung liegen Korrekturen an. Wochenpläne ergaben, dass Gymnasiallehrer durch bis zu 9 Korrekturstunden pro Woche am meisten gefordert waren (Hübner u. Werle 1997). Vor allen Dingen Mütter oder in einer Partnerschaft lebende Lehrerinnen, was etwa auf 80 % der Lehrerinnen zutrifft, berichten von einer Doppel- und Mehrfachbelastung in der Studie von Hübner und Werle (1997). Die meiste Zeit brachten die befragten Lehrer nach eigener Einschätzung für die Unterrichtsvor-

und -nachbereitung auf, was auch den Ergebnissen anderer Untersuchungen entspricht.

Es ist wichtig, nach den Gründen für die hohen Arbeitszeiten zu suchen. Auffallend an diesen Studien ist, dass die Lehrer zahlreiche »alltägliche« Aktivitäten wie Zeitung lesen und Fernsehen auch zu den Unterrichtsvorbereitungen rechnen, so dass eine ungenaue Abgrenzung zwischen Freizeit und Arbeitszeit entsteht, was unter anderem eine Voraussetzung für Burn-out schafft. Die Arbeitsorganisation ist dadurch erschwert, dass eine räumliche Abgrenzung zwischen Beruf und Privatleben sowie eine klare Trennung zwischen beruflichen und privaten Aufgaben oft nicht möglich ist. Eine Trennung zur Optimierung der eigenen Zeiteinteilung hielten 56 % der Befragten in der Studie von Meyer und van Dick (2002) für sinnvoll.

Unter den verschiedenen Arbeitsaufgaben erwies sich die Verwaltung in der Studie von Rudow (1996) für Lehrer subjektiv und objektiv aufgrund des Zeitaufwandes und der relativen Anspruchslosigkeit als belastend. Ein Großteil der Verwaltungsaufgaben muss in der so genannten unterrichtsfreien Zeit erfüllt werden. Unter belastungsrelevanten Lehrerfunktionen wurde in dieser Studie vor allen Dingen die Klassenlehrertätigkeit hervorgehoben. Klassenlehrer weisen im Durchschnitt eine vier Stunden höhere wöchentliche Arbeitszeit auf als andere Lehrer. Ein weiterer Belastungsfaktor war das Berufsimage in der Öffentlichkeit. Ein erheblicher Teil, 40 % der befragten Lehrer, meint, dass das Lehrerimage in der Öffentlichkeit schlecht oder sehr schlecht sei. Wenn man in der Studie von Rudow (1996) die Belastungen der Lehrertätigkeit faktorenanalysiert, so steht an erster Stelle der Faktor »schlechtes Schulklima«, das heißt Unzufriedenheit mit der Schulleitung und dem Lehrkörper, schlechte Entwicklungsmöglichkeiten in der Schule, fehlendes Engagement bei wichtigen Entscheidungen. Der zweitwichtigste Faktor ist der Schülerwiderstand, das heißt einzelne Schüler, die kontinuierlich stören, eine schwierige Klassendisziplin in einigen Klassen, unhöfliches und freches Schülerverhalten und exzessive Klassengrößen. Als Faktor drei sind die häufigen Veränderungen der Curricula und die gestiegenen Anforderungen an Lehrer, die Religion und Ethik unterrichten, in Zeiten rapider gesellschaftlicher Veränderungen zu nennen. Faktor vier umfasst das mangelnde Verständnis für die Arbeit des Lehrers in der allgemeinen Öffentlichkeit und fehlende Achtung, Faktor fünf die zeitlichen Anforderungen, das heißt die fehlende Zeit zur Vorbereitung und Durchführung, und Faktor sechs schließlich die schlechte Arbeitsumwelt (wie Lärm, schlechte geografische Lage der Schule, Kürzungen von Ausstattungen).

Unterrichtliche Belastungen und »schwierige Klassen« in der Wahrnehmung von Lehrkräften

Die Lehrertätigkeit ist durch einen hohen Anteil an sozialen Interaktionen, einhergehend mit kognitiven, emotionalen und motorischen Anforderungen gekennzeichnet. Pro Unterrichtsstunde wurden 200 Entscheidungen und 15 Konflikte gemessen (Kretschmann 1997). Hinzu kommen diverse Stressoren, auf die im Folgenden näher eingegangen werden soll. Die Studie von Gerwing (1994) untersucht die subjektive Belastungswahrnehmung von Lehrern und fand eine Kumulierung alltäglicher Ärgernisse. Elf Lehrerinnen und zehn Lehrer der Sekundarstufe I konnten für die Mitarbeit gewonnen werden. Sie dokumentierten in Form vorstrukturierter Tagebücher erfreuliche und unerfreuliche Ereignisse an insgesamt 101 Schultagen. Die 1076 Eintragungen wurden dann einer qualitativen Inhaltsanalyse unterzogen. Über die Hälfte der alltäglichen Ereignisse, die die Lehrer in ihren Tagebüchern festgehalten hatten, bestanden in Arbeitserschwerungen, davon 296 Behinderungen bei ihren Arbeitsaufgaben und 465 Beeinträchtigungen ihrer Arbeitskraft. Dabei wurden ganz besonders häufig Unterrichtsstörungen genannt (Lärm und Geschrei im Unterricht, verspätetes Eintreffen, Zwischenrufe, Essen und Trinken im Unterricht, Streit usw.), aber auch mangelnde Motivation von Schülern wurde sehr häufig erwähnt. Des Weiteren nannten Lehrer Regelverletzungen im Unterricht, wie Abschreibeversuche, Vorsagen, Nichtaufräumen, Missachten von Arbeitsaufträgen und Ähnliches. Die Lehrer berichteten über enorme Einschränkungen im Aufgabenfeld Erziehen, etwa derart, dass ihre Autorität bedroht war, dass relativ viele Konflikte mit Schülern vorlagen, dass Regelverletzungen außerhalb des Unterrichts vorkamen, dass ihnen nicht genug Sanktionsmittel zur Verfügung gestanden hatten. Sie fühlten sich sehr stark in ihrer Arbeitskraft beeinträchtigt (465 Nennungen), dabei wurden vor allen Dingen die große Arbeitsmenge geschildert und ein enormer Zeitdruck, den fast alle Lehrer betonen. Die Lehrer beklagten, dass der Wunsch, besser auf Schüler und Schülerinnen eingehen zu können, der allgemeinen Hektik zum Opfer fiele. Häufig müssten in Pausen Tätigkeiten verrichtet werden, wie etwa Verfassen von Elternbriefen, Kopieren von Unterrichtsmaterial. Die Ergebnisse zeigen insgesamt vielfältige Störfaktoren auf, die als Hindernisse bei der Realisierung von lehrerbezogenen Aufgaben auftreten.

Hinzu kommt, dass die Lehrer-Schüler-Interaktion nicht als lineare Einflussnahme zu verstehen ist, in der die Lehrerin oder der Lehrer die Schülerinnen oder Schüler beeinflusst. Vielmehr haben eine Reihe überzeugender Untersuchungen gezeigt, wie sehr Lehrkräfte durch die Schüler beeinflusst werden. So fanden schon Köttl und Sauer (1980), dass sich Lehrer in Abhängigkeit von einem bestimmten Sozialklima in einer Klasse völlig verschieden verhalten. Der Interaktionsstil des Lehrers wurde sehr stark von den speziellen Gegebenheiten in den jeweiligen Klassen bestimmt, sodass sogar extrem direktive Lehrer in angenehmen Klassen ein eher indirektes und schülerzentriertes Verhalten zeigten.

Aus den vorangegangenen Ausführungen ist deutlich geworden, dass schwierige Klassen und Auseinandersetzungen mit einzelnen Schülern als zweitwichtigster Stressfaktor von Lehrern genannt wurden. Der Begriff »schwierige Klasse« spielt im Berufsalltag von Lehrerinnen und Lehrern eine nicht zu unterschätzende Rolle. In Schulkonferenzen und informellen Fachgesprächen hat er einen hohen Stellenwert. Es handelt sich um eine auf die ganze Klasse ausgerichtete Wahrnehmung. Die Klassengröße, der Anteil von Ausländerkindern oder das Geschlechterverhältnis (vergleichsweise viele Jungen) können eine Klasse zu einer »schwierigen« Klasse machen.

Wenn Lehrkräfte eine Klasse übernehmen, dann erfordert dies eine feinstimmige Adaptation des Lehrerhandelns auf die spezifischen Bedingungen dieser Schulklasse. Da Lehrkräfte in schwierigen Klassen besonders mit Disziplinproblemen konfrontiert sind, werden sie stärker lenkend eingreifen und sich direktiver verhalten. In der Studie von Tiedemann und Billmann-Mahecha (2002) wurde nach dem Zufallsprinzip im Großraum Hannover in 25 Schulen eine

Stichprobe von 301 Grundschulkindern aus 15 Grundschulklassen und ihren zugehörigen 15 Lehrkräften untersucht. Nicht objektive Hinweise für die Schwierigkeit einer Klasse wurden herangezogen, sondern subjektive Wahrnehmungen, das heißt das, was die Lehrer selbst als schwierig wahrnahmen. Dabei wurden insbesondere Schilderungen von Kindern, die aus der Lehrerperspektive Problemkinder darstellen, Schilderungen sozialer Interaktionen mit und zwischen Kindern sowie auftretende Probleme in der Zusammenarbeit mit den Eltern berücksichtigt. Man fand insgesamt vier Klassen, die dem Schwierigkeitsstatus 1 zugeordnet waren (eher Ober- und Mittelschichtkinder, die Eltern zeigten viel Unterstützung, die Klasse war leistungsstark und bildete eine gute Gemeinschaft, es gab einen Neuzugang, ein Problemkind), 7 Klassen wiesen den Schwierigkeitsstatus 2 auf mit etlichen Kindern aus dem sozialen Randbereich, einer nicht sehr engagierten Elternschaft, Kindern, die erst mühsam die Regeln des sozialen Miteinanders hätten lernen müssen, darunter einige Kinder, die etwas verwahrlost waren. Schließlich erhielten vier Klassen den Schwierigkeitsstatus 3, bei dem ein Drittel der Kinder aus ganz schwierigen Elternverhältnissen kam, relativ viel Aggression und Prügel in der Schule und auf dem Schulhof an der Tagesordnung waren, und die Lehrer bei den betroffenen Eltern kein Gehör für ihre Probleme fanden, vor allem, wenn es um Gewalt ging. Die Grundschüler sollten außerdem die Direktivität des Lehrerverhaltens einschätzen. In der Tat waren Lehrer in schwierigen Klassen eher direktiver und schränkten die Autonomie der Schüler stärker ein. So wurde dies auch von den Schülern geschildert.

Zu den belastenden Konstellationen im Unterricht zählen nach Krause (2004) divergierende Zielvorstellungen zwischen Lehrern und Schülern. So möchte der Lehrer beispielsweise einen bestimmten fachlichen Unterricht durchführen, die Schüler haben jedoch andere Interessen und führen Nebengespräche oder laufen durch das Klassenzimmer. Eine zweite Konstellation betrifft die fehlenden Schülerkompetenzen. Dies zeigte sich im Unterrichtsgeschehen beispielsweise, wenn einige Schüler trotz vorhandener Bereitschaft zur Mitarbeit nicht in der Lage waren, am Unterricht teilzunehmen, etwa nicht ausreichende Sprachkenntnisse hatten oder in den vorangegangenen Stunden gefehlt hatten. Der Autor untersuchte 46 Unterrichtsstunden von zwölf Lehrern, die an einer Gesamtschule und einem Gymnasium unterrichteten (Durchschnittsalter 43 Jahre, durchschnittlich 15 Jahre Berufserfahrung). Pro Unterrichtsstunde wurden im Durchschnitt mehr als 20 Unterrichtsstörungen ermittelt, das heißt durchschnittlich alle zwei Minuten trat ein Hindernis auf. Bei den Lehrern überwogen (70 %) so genannte einseitige Reaktionen auf Störungen, um dann anschließend möglichst schnell zum geplanten Unterricht zurückzukehren. Der mittlere Zeitaufwand pro Unterrichtsstunde betrug jedoch dennoch mehr als fünf Minuten (von insgesamt 42 Minuten). Die Variationen zwischen den Stunden waren sehr groß und reichten von nahezu störungsfreien Stunden in Lateinleistungskursen bis zu 46 Störungen in Klassenleiterstunden.

Unterschiedliche Bewältigungsstrategien als Reaktion auf Stress

Etwa 20 bis 60 % der Lehrerinnen und Lehrer berichten über mittleren bis starken beruflichen Stress (Friedel u. Dalbert 2003). Faktoren, die von ihnen häufig als belastend bezeichnet wurden, sind die bereits erwähnten Unterrichtsstörungen und Verhaltensauffälligkeiten der Schüler, schlechte Zusammenarbeit mit den Eltern und Mehrarbeit durch häufige Vertretungsstunden (Tacke 1997). Demgegenüber wurde die Bewältigung solcher berufsbedingter Belastungssituationen eher sporadisch untersucht (Rudow 1994). Studien zu diesem Thema sind jedoch wichtig. So belegen Befunde zur Bewältigung im Lehrerberuf, dass es nicht die beruflichen Belastungen per se sind, sondern erst die interindividuellen Unterschiede im Umgang damit, die einen Einfluss auf die psychische Gesundheit von Lehrern haben (Chan 1998).

Die Auswirkung einer Versetzung in die Förderstufe wurde von Friedel und Dalbert (2003) untersucht. Anlass war, dass in Sachsen-Anhalt aufgrund der Einführung der Förderstufe in den letzten Jahren Versetzungen von Grundschullehrerinnen an Sekundarstufen angeordnet wurden. Durch diesen Schulwechsel wurden an die Lehrerinnen verschiedene neue Anforderungen gestellt. Sie kommen an eine Schule mit neuen Kollegen, mit neuen, älteren Schülern und müssen einen Unterricht geben, für den sie nicht spezifisch ausgebildet sind. Die Autoren interessierte das Ausmaß der Belastung, die angewandten Bewältigungsformen sowie die Frage, ob man die Bewältigung vorhersagen kann. In jedem Falle ist es eine Situation mit hoher Ungewissheit, und so wurde vermutet, dass Personen, die Ungewissheit gut tolerieren können, auch mit diesem Ereignis besser umgehen können.

Zugrunde lag der transaktionale Stress- und Copingansatz von Lazarus, der in Kapitel 4 geschildert wurde. Einerseits wird eingeschätzt, inwieweit die Situation als belastend erlebt wird (primary appraisal), andererseits erfolgt die Bewertung der eigenen Bewältigungsmöglichkeiten und -fähigkeiten in dieser Situation (secondary appraisal). Es wurde erwartet, dass die Grundschullehrerinnen die Versetzung individuell als unterschiedlich belastend wahrnehmen und dies im Vergleich zu einer Kontrollgruppe nicht belasteter Grundschullehrerinnen zu einer Beeinträchtigung der beruflichen Anpassung und zu einer Verschlechterung ihres Befindens führt. Untersucht wurden in dieser Vergleichsstudie 44 Grundschullehrerinnen, die an die Förderstufe der Sekundarstufe versetzt worden waren sowie eine Gruppe nicht versetzter Grundschullehrerinnen von N = 64. Tatsächlich führte die Versetzung an eine andere Schulform zu einer Verschlechterung der beruflichen Anpassung und des Wohlbefindens. Die versetzten Lehrerinnen waren im Vergleich zu den nicht versetzten Lehrerinnen mit ihrer Arbeit unzufriedener, fühlten sich verstärkt überfordert, berichteten über mehr depressive Symptome und mehr negative sowie weniger positive Affekte. Lehrerinnen, die eine größere Ungewissheitstoleranz hatten, versuchten weniger die Situation durch Vermeiden, Resignation oder Ablenkung zu bewältigen und neigten eher zu einer positiven Umdeutung.

Sutton (2004) untersuchte die interessante Frage, über welche emotionsregulierenden Strategien Lehrer verfügen, wenn sie sich im Unterricht aufgeregt hatten. Viele Lehrer glauben, dass sie ihren Ärger über eine unruhige Klasse nicht offen zeigen sollten. Solche »display rules« liefern Standards im Verhalten und sind mit moralischen und kulturellen Aspekten von Emotionen assoziiert. Lehrer lernen »display rules« von ihrer Familie, in der Lehrerausbildung oder von Lehrerkollegen. Wenn also Lehrer versuchen, ihre Emotionen zu regulieren, welche Strategien nutzen sie dann? An dieser

Studie nahmen 30 Lehrer aus den USA teil, die die Altersgruppen 10 und 15 Jahre unterrichteten und im Mittel fünf Jahre Unterrichtserfahrung hatten. Es wurde danach gefragt, welche Gefühle Lehrer in bestimmten Unterrichtssituationen haben, wann diese auftreten und wie sie ihre Emotionen ausdrücken oder unterdrücken. Dabei zeigte sich, dass Lehrer eine Vielzahl von unterschiedlichen Strategien benutzten, um den Gefühlsausdruck oder auch ihre physiologische Erregung herunterzufahren. Diese Verhaltensstrategien, die etwa bei der Hälfte der Lehrer in der Stichprobe benutzt wurden, umfassten Weggehen, eine Pause machen, tief durchatmen und die Kontrolle des Gesichtsausdrucks. Es gab auch kognitive Strategien wie nicht an das Szenario denken oder an positive Erfahrungen denken.

Ein Problem stellt allerdings dar, dass Schüler in einer Weise auf Lehrer reagieren, dass die Situation eskaliert. Das verlangt von Lehrern ein zusätzliches Maß von Selbstkontrolle, wenn sie in Klassen gehen, von denen sie wissen, dass bestimmte Schüler sie niedermachen wollen. Ein Lehrer schildert es folgendermaßen: »Wenn ich in diese Klasse gehe, bin ich wirklich ein total anderer Mensch. Ich habe eine Maske, und das bin nicht wirklich ich. Ich muss wie eine Bulldogge oder mit einem Pokerface reagieren. Es ist nicht, dass ich so sein möchte, aber ich muss das machen, um in dieser Klasse bestimmte Dinge durchzusetzen.« Etwa ein Drittel der Lehrer sprach darüber, dass sie die Kontrolle verloren hatten und es ihnen nicht gelang, ihren Ärger zu unterdrücken. Sehr viel weniger Lehrer sprachen darüber, Gefühle wie Traurigkeit zu unterdrücken. Während die meisten Lehrer sagten, dass sie ihre positiven Gefühle offen ausdrückten, bestätigten sie, dass sie die negativen Gefühle sehr stark regulieren müssten. Für sie gehört es zu einer professionellen Lehrerrolle dazu, ihre negativen Gefühle zu unterdrücken.

Alle Lehrer bestätigten, dass die Fähigkeit zur Emotionsregulierung zu den wichtigsten Copingstrategien im Umgang mit schwierigen Unterrichtssituationen gehört. 67 % der Lehrer in der Studie von Sutton (2004) benutzten zwei und mehr emotionsregulierende Strategien. Dazu zählen zunächst präventive Strategien wie etwa die Situation zu modifizieren, etwa durch Disziplintechniken, durch die Bemerkung, dass sie sich in der vorgefundenen Situation nicht wohl fühlen, indem sie Schülern eine Auszeit verpassten und

Ähnliches. »Attention deployment« war eine weitere Strategie, wie das Ignorieren von Verhaltensweisen von Schülern. »Cognitive change« war eine präventive Strategie, hier fielen vor allen Dingen Selbstgespräche darunter, beispielsweise die Kommentare der Schüler weniger persönlich zu nehmen und die Klassenraumsituation akkurater wahrzunehmen. Eine zweite Gruppe von Strategien waren die oben geschilderten »responsive«-Strategien, in denen Lehrer versuchten, die physiologischen Komponenten der Emotionen zu verändern, etwa durch Weggehen, eine Pause machen, tief Luft holen, den Gesichtsausdruck kontrollieren. Wichtig ist auch die Suche nach Unterstützung außerhalb des Unterrichts. Über 60 % der Lehrer in einer australischen Studie von Lewis (1999) lösten ihren Ärger dadurch, indem sie mit anderen darüber sprachen, etwa mit Kollegen, Freunden und der Familie.

Belastungen und gesundheitliche Folgen: Psychosomatische Erkrankungen und Frühpensionierungen

Vor dem Hintergrund internationaler Vergleichsstudien wie PISA oder TIMSS (Third International Mathematics and Science Study) fokussieren die aktuellen Diskussionen zum deutschen Schulwesen auf Leistungsaspekten und nicht auf Belastungen von Lehrern. So wurden insbesondere aufgrund der PISA-Studie deutschen Schülern unterdurchschnittliche Leistungen und Fähigkeiten zugesprochen und in der Folge Verbesserungen des Unterrichts angemahnt (Spiewak 2001). Die alleinige Betrachtung der Leistungsthematik für Veränderungen im Unterricht greift jedoch zu kurz. Ergebnisse aus einer Vielzahl empirischer Studien zeigen zahlreiche Belastungen von Lehrerinnen und Lehrern.

Neben der Wissensvermittlung müssen Lehrer zunehmend elementare Erziehungsaufgaben übernehmen. Sich lockernde Familienstrukturen, die zunehmende Gewaltbereitschaft von Jugendlichen und deren berufsbedingte Perspektivenlosigkeit, Drogenprobleme sowie ein hoher Anteil an Ausländerkindern stellen weitere Belastungsfaktoren dar. Hinzu kommt, dass die Lehrpläne nur einen groben Rahmen vorgeben und jeder Lehrer sich mit den Vorgaben identifizieren und diese individuell umsetzen muss. Des Weiteren ist zu bedenken, dass Unterricht ein komplexes und prozesshaftes Geschehen ist, sodass Probleme im situativen Kontext improvisierend gelöst werden müssen. Ergebnisse und Erfolg dieser Arbeit sind kurz- und mittelfristig kaum messbar und positive Rückmeldungen von außen selten. Interessenskonflikte zwischen verschiedenen Parteien, so die Kollision von Interessen der Kultusministerien, der Schulleitung, der Lehrer und Schüler sind zu bedenken. Auch muss die individuelle Förderung von Schülern und deren Selektion etwa durch Noten gegeneinander abgewogen werden. Hinzu kommt, dass Lehrer, die ehemals Autoritätspersonen waren, im Hinblick auf die soziale Reputation auf die untersten Ränge abgerutscht sind. Je idealistischer der eigene Anspruch, umso eher droht, so zeigen verschiedene Studien, eine langfristige Frustration, die im Burn-out enden kann (Barth 1992; Schmitz 1998).

Die Untersuchungen belegen in der Regel, dass etwa jeder vierte deutsche Lehrer ein sehr hohes subjektives Stressempfinden angibt (Krause 2004; Schmitz 2000). Auch etwa 50 % der Lehrerinnen und Lehrer verschiedener europäischer Länder und der USA fühlen sich überlastet (Hübner u. Werle 1997; Penley et al. 2002). Dabei wies die Qualität der Lehrer- und Schülerinteraktion die höchsten Korrelationen mit allen Stressvariablen auf. Lehrer, die besonders viel Zeit aufwendeten für physische Erholung hatten deutlich weniger Angst, Depressivität und subjektiv erlebten Stress. In einigen Untersuchungen zum Lehrerstress wurde auch die Herzschlagfrequenz untersucht; andere Studien haben sich auf den Blutdruck spezialisiert. Man fand, dass 50 % der Lehrer unter 30 Jahren vor Unterrichtsbeginn einen erhöhten Blutdruck hatten und immerhin 27 % hatten diesen erhöhten Blutdruck auch noch nach Unterrichtsende. Diese Ergebnisse können als Stressreaktionen, die ein hohes Gesundheitsrisiko darstellen, interpretiert werden. Auch psychoimmunologische Studien zum Lehrerstress zeigen, dass Lehrer, die anhaltende erhöhte Belastungen im Berufsleben angaben, wesentlich verringerte Immunglobulinwerte aufwiesen.

Lehrerinnen und Lehrer sind relativ häufig Patienten in verschiedenen psychosomatischen Kliniken oder Ambulanzen (vgl. z. B.

Hillert et al. 1999). So wurden etwa in der Medizinisch-Psychosomatischen Klinik Roseneck über den Verlauf von einem Jahr alle konsekutiv stationär aufgenommenen verbeamteten und zumindest mit halbem Stundendeputat in ihrem Beruf tätige Lehrerinnen und Lehrer befragt (N = 63) und mit einer parallelisierten Kontrollgruppe (N = 104) verglichen. Es zeigte sich, dass die stationär behandelten psychosomatisch erkrankten Lehrer – davon ein großer Anteil Frauen – im Schnitt 50 Jahre alt waren. Als Einweisungsdiagnose überwogen Depressionen (35 %) gefolgt von Tinnitus (35 %), wobei häufig Zweitdiagnosen vorlagen. Somatoforme Störungen und Angst oder Panikstörungen waren jeweils mit 12 % vertreten. Bezüglich Klassengröße, Unterrichtsdeputat und Schulpraxis (Anzahl der Berufsjahre) unterschieden sich die erkrankten Lehrerinnen und Lehrer nicht von der Kontrollgruppe. Es ergaben sich aber Unterschiede bezüglich der familiären oder sozialen Situationen: Erkrankte Lehrerinnen waren häufiger geschieden oder lebten allein. In dieser Studie wurden auch Motive, die die Berufsentscheidung bestimmt haben, erfragt. Erkrankte und gesunde Lehrerinnen unterschieden sich dabei in Bezug auf das idealistische Motiv, nämlich »die Möglichkeit, neue gesellschaftliche Ideen z. B. im Sinne einer antiautoritären Erziehung umzusetzen«. Den später erkrankten Lehrerinnen und Lehrer war dies wichtiger als den Kontrollpersonen.

Stress steht auch in direktem Zusammenhang mit der Absentismusrate und mit der Absicht, aus dem Beruf auszusteigen (Schricker 1998). Frühpensionierungen aufgrund von Dienstunfähigkeiten treten vergleichsweise häufig auf, wobei sehr oft psychische und psychosomatische Ursachen angeführt werden. Von den Kultusministerien wurden bislang nur vereinzelt diesbezüglich Statistiken publiziert. So wurde in Rheinland-Pfalz 1997 jede siebte Lehrkraft vor dem 50. und jede dritte vor dem 55. Lebensjahr in den Ruhestand geschickt (Mainzer Allgemeine Zeitung vom 05.12.1997). Bundeslandübergreifend erreichen nur 5 bis 30 % der Lehrer den regulären Altersruhestand, 31 bis 56 % scheiden vorzeitig wegen Dienstunfähigkeit aus, die übrigen vorzeitig auf Antrag mit 63 Jahren ohne Nachweis der Dienstunfähigkeit. Die Symptomatiken und Diagnosen werden in den Statistiken meist nicht näher spezifiziert, was Vergleiche mit anderen Berufsgruppen erschwert. Soweit Zahlen vorliegen, ist der Anteil regulärer Pensionierungen – das heißt mit 65 Jahren – bei Lehrern und Lehrerinnen seltener als bei anderen Beamten. Zudem zeichnen sich ein Anstieg der krankheitsbedingten Frühpensionierungen und ein Absinken des Pensionierungsalters bei Lehrerinnen etwas stärker ab als bei Lehrern. Diagnosen aus dem Bereich der psychischen Erkrankungen standen dabei auch relativ zu den anderen Beamten im Vordergrund.

Die Spezifität des Lehrer-Burn-outs

Der Begriff Burn-out taucht in der psychologischen Literatur 1974 auf, als der Psychoanalytiker Herbert Freudenberger zum ersten Mal Burn-out bei Therapeuten in Drogenkliniken in den USA beschrieb. Er bezeichnete damit einen Zustand von Erschöpfung und Ermattung, der durch zu langes und intensives Arbeiten mit bedürftigen Klienten entstand und definierte drei Merkmale:
1. emotionale Erschöpfung,
2. reduzierter zwischenmenschlicher Erfolg und
3. veränderte Wahrnehmung der Mitmenschen (sog. Depersonalisation oder Dehumanisierung).

Laut internationaler Klassifikation (ICD-10, 73.0) wird Burn-out als Erschöpfungssyndrom mit psychosomatischen Reaktionen beschrieben. Verschiedene Autoren sprechen Burn-out erst einem Krankheitsfall zu, wenn auf allen drei Skalen hohe Werte über längere Zeit erreicht werden (Neuenschwander 2003).

Mittlerweile ist die Literatur zum Burn-out sprunghaft angestiegen und betrifft nicht nur medizinische und psychosoziale Berufsgruppen, sondern auch Angehörige helfender Berufe allgemein (Buschmann u. Gamsjäger 1999). Lehrer sind unter anderem deswegen davon besonders betroffen, weil sie einen hohen persönlichen Einsatz zeigen, der weder von den Schülern noch von der Organisation Schule angemessen honoriert wird. Im Gegenteil befinden sich Schüler oftmals in Opposition oder sogar Rebellion gegen die Schule, und die Schule selbst bietet Lehrern wenige Gratifikationen für gute Leistungen. Aronson et al. (1983) betonen jedoch, dass nur derjenige ausbrennen könne, der zuvor »entflammt« gewesen sei.

Burn-out betrifft also besonders Menschen, die zuvor mit viel Begeisterung und Engagement tätig waren. Welche Folgen dies für den Lehrerberuf hat, lässt sich leicht ausmalen, denn es bedeutet, dass vor allem die hoch motivierten Lehrer betroffen sind, die sich intensiv um ihre Schüler bemühen. Allerdings ist nicht das »Entflammtsein« per se ein Risiko, sondern es sind vor allem solche Personen Burn-out gefährdet, die sich mit unrealistischen Ansprüchen und Erwartungen in den Beruf begeben. Der zentrale Prädiktor war allerdings die wahrgenommene schulische Belastung. Es fand sich eine sehr hohe Korrelation zwischen Burn-out und schulischer Belastung von $r = .71$ (König u. Dalbert 2004). Treffen hohe schulische Belastungen, geringe Identifikation mit der Schule und fehlende außerschulische Ressourcen zusammen, dann entsteht mit hoher Wahrscheinlichkeit Burn-out. Die Ausprägungen von Burn-out hängen also von der Identifikation und Zufriedenheit mit der eigenen Schule, kombiniert mit einer ungünstigen Bilanz schulischer Belastungen und außerschulischer Ressourcen ab.

Angaben zur Prävalenz von Burn-out finden sich in verschiedenen Studien deutscher und angloamerikanischer Herkunft. Zusammenfassend wird von einem Anteil von 10 bis 22 % ausgebrannter Mitarbeiter in belastenden Berufen ausgegangen. Barth (1992) fand bei deutschen Lehrern einen Anteil von 16 bis 28 % als stark von Burn-out betroffenen Personen. Bei Lehrern in der Schweiz ermittelte Kramis-Aebischer (1995) ebenfalls 28 % mäßig bis stark Betroffene. Gamsjäger und Sauer (1996) berichten von 15 bis 27 % stark ausgebrannten österreichischen Hauptschullehrern. Aus den Niederlanden werden zum Teil noch höhere Zahlen berichtet. Hier scheiden 53 % der Lehrer aufgrund psychischer Probleme vorzeitig aus dem Beruf aus (Allgemeen Burgerlijk Pensioensfonds 1995). Unklar ist, ob Burn-out in Abhängigkeit von der Form der Schule variiert. Es gibt einige Studien, etwa in den Niederlanden, die zeigen, dass Lehrer in der Sekundarstufe im Gymnasium höhere Burn-out-Werte erzielen als Lehrkräfte in der Primarschule. Auch Hübner und Werle (1997) zeigten in ihrer Untersuchung, dass sich Lehrer im Gymnasium eher überlastet fühlen als Lehrkräfte in der Volksschule. Nach Salm (1997) zeigten Lehrkräfte der Sekundarstufe I vergleichsweise die höchsten Belastungswerte, gefolgt von den Berufsschullehrkräften. Die geringsten Werte fand sie bei den Gymnasiallehrern. Auch in der Studie von Neuenschwander (2003) unterschied sich die Ausprägung von Burn-out signifikant in Abhängigkeit von den drei Schulformen. Lehrer in der Sekundarstufe I hatten höhere Werte als Gymnasiallehrer und Berufsschullehrer, insgesamt waren die Unterschiede aber nur sehr gering. In dieser Studie wurde die puffernde Wirkung von außerschulischen Ressourcen nur als Tendenz nachweisbar. Auch das Alter der Lehrer erklärte die Ausprägung von Burn-out nur tendenziell. Das zeigt, dass das Burn-out-Risiko nicht linear mit dem Alter ansteigt, sondern im Verlaufe der Berufsbiografien in Abhängigkeit von ganz bestimmten Erfahrungen und Erlebnissen auftritt.

Schmitz (2001) hat in einer längsschnittlichen Studie mit drei Messzeitpunkten an Schulen in zehn Bundesländern das Burn-out untersucht. Daten von jeweils 300 Lehrern aus sechs Schulen aus den alten und vier Schulen aus den neuen Bundesländern wurden erhoben. Schmitz ging der Frage nach, ob Selbstwirksamkeit eine wichtige Pufferfunktion hat und damit das Ausbrennen im Lehrerberuf verhindert. Zunächst fand sie, dass die Selbstwirksamkeit über einen Zeitraum von zwei Jahren deutlich anstieg, im selben Zeitraum verringerte sich das Leitsymptom des Burn-outs, die emotionale Erschöpfung. Im Unterschied zur emotionalen Erschöpfung zeigten Depersonalisierung und Leistungsverlust keinen Abfall über die Zeit. Werte in emotionaler Erschöpfung, Depersonalisierung und Leistungsverlust klärten am meisten Varianz auf, waren also am vorhersagekräftigsten (zwischen 36 und 52 %), die Berufserfahrung hatte dagegen nur wenig (2 %) Einfluss. Die Lehrerselbstwirksamkeit leistete ebenfalls etwa 5 % Varianzaufklärung bei der Vorhersage der verschiedenen Kriterien von Burn-out. In dieser Studie stellten Selbstwirksamkeitserwartungen einen protektiven Faktor gegen die Entwicklung von Burn-out dar. Die Erhöhung der wahrgenommenen Selbstwirksamkeit über den Verlauf von drei Jahren ging mit Verringerung des Burn-out-Leitsyndroms *emotionale Erschöpfung* einher. Bei beiden Geschlechtern ist die wahrgenommene Arbeitsüberforderung ein wichtiger Prädiktor der emotionalen Erschöpfung (50 %). Bei Frauen war emotionale Erschöpfung besonders häufig. Es wurde gefragt, ob sich darin möglicherweise eine höhere Belastung niederschlägt, die Frauen durch das Ausfüllen verschiedener Rollen erleben. Dazu zählt die Autorin auch, dass sie in der Schule nicht nur expressive, sondern auch instrumentelle, das heißt aufgabenbezogene Rollen zu erfüllen haben. Die Erfüllung von instrumentellen Rollen ist dagegen für Lehrer leichter als für Lehrerinnen.

In der Studie von Buschmann und Gamsjäger (1999) litten, wenn man den kritischen klinischen Wert berücksichtigt, der zur Inanspruchnahme von Therapien führt, 9,5 % der Lehrerinnen und Lehrer unter massivem Burn-out, das behandlungsbedürftig war. Ausgebrannte Lehrerinnen und Lehrer zeigten ein negatives Selbstbild und suchten nach extrinsischem Feedback. Sie wiesen veränderte Persönlichkeitsmerkmale wie erhöhte Ängstlichkeit, Introversion und Gehemmtheit auf. Negative Erwartungshaltungen, zentriert auf die eigene Person, prägen die Vorstellungen der Burn-out gefährdeten Personen. Auf die hypothetische Frage der Wiederwahl des Berufes gaben 28 % der geschiedenen und von Burn-out bedrohten Lehrerinnen an, dass sie ihren Beruf nicht mehr ergreifen würden. Die nebenberufliche Tätigkeit, die zumeist eng mit der Arbeit des Lehrers verknüpft ist (z. B. Nachhilfe, Kursleiter in der Organisation, politisches Amt) hat offenkundig einen Katalysatoreneffekt hinsichtlich Burn-out, das heißt Weiterbildung, außerschulisches Interesse und Engagement wirken im Sinne einer Berufshygiene.

Lehrer im Alter zwischen 34 und 44 sind besonders Burn-out gefährdet. Man fand immer wieder Unterschiede in Abhängigkeit vom Geschlecht der Lehrer bei den einzelnen Symptomen von Burn-out. So geben Frauen mehr emotionale Erschöpfung an, besonders im Alter zwischen 29 und 39 Jahren. Männer geben höhere Werte in Depersonalisation an. Generell gibt es aber keine signifikanten Unterschiede zwischen Lebens- und Dienstzeit und Burn-out. Die kompensatorische Wirkung von außerschulischen Ressourcen im Sinne von sozialen Netzwerken (Familie, Freundeskreis) darf nicht unterschätzt werden.

Die Ergebnisse der EUROTEACH-Studien

Die Studie EUROTEACH wurde ursprünglich entwickelt, um den gesundheitlichen Status von Lehrern in Europa zu erfassen. Eine Reihe von Studien in verschiedenen Ländern Europas untersuchte den Zusammenhang zwischen Arbeitsbedingungen, Coping und Gesundheitsproblemen von Lehrern in Europa. Unter anderem wurde dabei auch das Burn-out erfasst. Die Studien werden im Folgenden detailliert geschildert, um eine vergleichbare Basis zu haben. In Abhängigkeit vom Erscheinungsjahr variiert der Umfang der europäischen Vergleichsgruppe hinsichtlich der Anzahl beteiligter Länder.

Im Rahmen der EUROTEACH-Studie berichtet Sann (2001) über die Befragung an 297 deutschen Lehrern, deren Daten mit der europäischen Vergleichsgruppe (N = 1884) in Beziehung gesetzt wurden. Sie untersuchte 297 Lehrer (53 % Respondentenquote), die überwiegend 15 bis 18 Jahre alte Schüler unterrichteten. Drei verschiedene »health-outcomes« wurden in Betracht gezogen: körperliche Symptome, Burn-out und Arbeitszufriedenheit. Die Lehrer hatten ein mittleres Alter von 48 Jahren, 46 % waren weiblich, 74 % waren verheiratet. Sie hatten eine durchschnittliche Lehrerfahrung von 20 Jahren und unterrichteten im Schnitt 22 Stunden pro Woche. Auffällig war zunächst, dass die deutschen Lehrer ihre Wochenarbeitszeit sehr viel höher einschätzten als das europäische Vergleichssample und dass sie außerdem einen signifikant höheren Grad an Kontrolle und einen niederen Grad an Sinnhaftigkeit ihrer Arbeit berichteten. Was die Copingdimensionen angeht, wurden zwar Ähnlichkeiten in aufgabenorientierter und emotionsorientierter Bewältigung beobachtet, die dem Vorgehen von Lehrern in anderen Studien entsprechen, die deutschen Lehrer zeigten aber eine signifikant höhere Tendenz zum »avoidance oriented coping«, also zum Rückzug. Insofern stellten sie auch kein gutes Rollenmodell für die Schüler dar. Insgesamt waren die Lehrer mittelmäßig zufrieden mit ihrem Job. Verglichen aber mit einer deutschen Normgruppe zeigten sie ein signifikant erhöhtes Maß an körperlichen Beschwerden. 18 % nannten hohe Niveaus von emotionaler Erschöpfung und 4 % berichteten über hohe Depersonalisation als Symptom für Burn-out.

Die Studie von Pascual et al. (2003) an 198 spanischen Lehrern der Secondary School zeigte viel Übereinstimmung mit der EUROTEACH-Studie: 53 % der Lehrer waren weiblich, das mittlere Alter war 53 Jahre, 71 % waren verheiratet. Keine Unterschiede wurden in Bezug auf Alter und Geschlecht der Stichprobe gefunden. Was die Arbeitsbedingungen angeht, so erlebten spanische Lehrer sehr viel mehr Kontrolle und gaben eine viel höhere Arbeitszeit und weniger Sinnhaftigkeit in ihrer Arbeit an als die Referenzgruppe. Des Weiteren zeigten sie höhere Level von emotionaler Erschöpfung und somatischen Beschwerden, verglichen mit den anderen europäischen Lehrern. Die Burn-out-Symptome in dieser spanischen Lehrergruppe waren ähnlich wie in den anderen Referenzgruppen. Zu berücksichtigen ist hier, dass spanische Lehrer real weniger Arbeitsstunden haben, verglichen mit den anderen EUROTEACH-Ländern. Außerdem war das Copingverhalten verschieden, sie benutzen weniger »avoidance«-Strategien, was indirekt den Schluss auf weniger Stress zulässt.

Als weitere Studie im Rahmen der EUROTEACH-Studie in 11 europäischen Ländern an 2182 Lehrern der Sekundarstufe II berichten Pisanti et al. (2003) über berufliche Belastungen und Wohlbefinden von italienischen Lehrern. Sie befragten 169 Lehrer mit einem mittleren Alter von 47 Jahren, 71 % waren verheiratet. Die italienische Stichprobe war insgesamt etwas älter und bestand auch in größerem Umfang aus Frauen als die Referenzstichprobe. Italienische Lehrer berichteten über weniger soziale Unterstützung und hatten höhere Scores in körperlichen Beschwerden im Vergleich zur Referenzstichprobe.

In der Studie von Taris et al. (2001) wurden zwei Stichproben von niederländischen Lehrern untersucht. Besonders wichtig war, welche Bedeutung verschiedene Beziehungen (mit den Schülern, den Kollegen und der Schule selbst) hatten, um etwa Belastungen abzupuffern. Es zeigte sich, dass vor allen Dingen Lehrer, die sehr viel Stress in ihrer Beziehung zu den Schülern berichteten, erhöhte Niveaus von Erschöpfung und Depersonalisation hatten. Dagegen war Stress mit Kollegen nur mittelmäßig assoziiert mit emotionaler Erschöpfung. 271 Lehrer nahmen an dieser Studie teil; die Ergebnisse wurden noch einmal an einer unabhängigen Stichprobe von 940 Lehrern validiert. Die gleichen Autoren (Taris et al. 2001) fanden auch, dass das Fehlen von Reziprozität von Bedeutung war. Diesmal bestand die Stichprobe aus 1309 niederländischen Lehrern mit einem mittleren Alter von 43 Jahren, 51 % Frauen und einer mittleren Lehrerfahrung von 19 Jahren. Dabei unterrichteten 58 % in der Grundschule, 27 % in der Mittelschule (»secondary schools«) und 13 % in »vocational schools«. Je ungleicher Lehrer ihren Austausch mit den Schülern, Kollegen und der Schule empfunden hatten, desto höher war der negative Outcome. Möglicherweise ist eine Folge dieser erlebten Ungleichgewichtigkeit, dass Lehrer sich zunehmend zurücknehmen. Diese Copingstrategien wurden von Lehrern häufiger berichtet.

Verhoeven et al. (2003) berichten über eine weitere Studie an 304 niederländischen Lehrern, die im Rahmen der EUROTEACH-Studie angesiedelt ist. Auffällig waren die vergleichsweise niedrigen Copingwerte der niederländischen Lehrer, die hohen Depersonalisierungswerte und auch die relativ geringe Arbeitszufriedenheit, die diese Lehrer im Vergleich zur Referenzgruppe berichteten. Die jüngeren Lehrer in dieser Stichprobe fühlten sich weniger erschöpft (304 Lehrer, 58 % männlich, 77 % verheiratet, im Durchschnitt 43 Jahre alt und im Schnitt 16 Jahre berufstätig, 26 Schulstunden pro Woche). Die Depersonalisation war unterschiedlich in Abhängigkeit vom Geschlecht. Männliche Lehrer gaben häufiger zynische und negative Bemerkungen gegenüber Schülern, Eltern und dem Kollegium an. Die Lehrer berichteten insgesamt sehr hohe Niveaus von »emotion oriented coping« und sehr niedrige Niveaus von Unterstützung.

Kittel und Leynen (2003) untersuchten 128 belgische Lehrer. Es wurden unter anderem Anforderungen an den Job, soziale Unterstützung, Jobstress und Burn-out gemessen. Die Lehrer waren durchschnittlich 44 Jahre alt und hatten etwa 20 Jahre Lehrerfahrung. 41 % der Varianz emotionaler Erschöpfung wurde durch die Arbeitsbedingungen erklärt, während Alter und Geschlecht nur 2 % aufklärten. Die hier untersuchten belgischen Lehrer fielen im Vergleich zu der europäischen Vergleichsstudie, an der 10 Länder mit 2182 Lehrern teilnahmen (EUROTEACH), durch höhere psychologische Arbeitsanforderungen, »Job demands«, geringere »Social support«-Werte und höhere physische Erschöpfung auf als die Lehrer in den übrigen Studien. In dieser Studie fanden sich auch Hinweise dafür, dass die belgischen Lehrer unter erhöhtem Burn-out litten, vor allen Dingen die »Job demands« waren auffällig, und die hohe emotionale Erschöpfung. Insgesamt waren die Arbeitsbedingungen der belgischen Lehrer schlechter als die der Referenzpopulation, das heißt höhere Anforderungen, weniger Möglichkeiten zu kontrollieren, weniger Unterstützung, höhere körperliche Erschöpfung und auch höhere Arbeitsunsicherheit.

Drei weitere Studien sollen noch erwähnt werden, die in diesen Rahmen passen, obwohl die Daten nicht im Rahmen von EURO-TEACH erhoben wurden. Troman und Woods (2000) berichten über Befragungen an Lehrern in England. Die meisten Lehrer reagierten auf den zunehmenden Schulstress, indem sie auch ihre Werte veränderten oder ihre Rolle neu definierten, so setzten sie ihre Ansprüche herab oder reduzierten ihr Stundendeputat. Sie bemerkten kritisch, dass Überlegungen dahin gehen, dass man die älteren und belasteten Lehrer durch jüngere, billigere und eher instrumentell vorgehende Lehrer ersetzen sollte. Das würde jedoch große persönliche Kosten für die Lehrer, aber auch für das Schulsystem insgesamt bedeuten. Das Schulsystem würde die erfahrenen Lehrer verlieren und das Geld, das investiert wurde, um ihre Kenntnisse und ihre Fähigkeiten zu verbessern, wäre insgesamt fehlinvestiert. Es ist sogar zu vermuten, dass man die besten Lehrer verlieren würde.

So-Kum Tang et al. (2001) untersuchten 269 chinesische Lehrer aus Hongkong. In Hongkong wurden innerhalb einer kurzen Zeitperiode zahlreiche Schulreformen und Innovationen eingeführt, während gleichzeitig wenige Ressourcen der Regierung zur Verfügung gestellt wurden. Ähnlich wie ihre westlichen Kollegen stehen nun Lehrer in Hongkong zunehmend stressreichen Arbeitsbedingungen gegenüber, wo sie sehr große Klassen zu unterrichten haben und wenig Unterstützung für ihre Arbeit bekommen. In dieser Studie wurde festgestellt, dass die Lehrer in Hongkong als Ergebnis ihrer Arbeitsbelastung unter zahlreichen physischen und psychischen Problemen litten. Man fand in dieser Längsschnittstudie einen direkten Pfad von einer schlechten psychischen Gesundheit zu einer Zunahme von Burn-out einige Monate später. Einige Studien berichten sogar erhöhte Suizidraten unter Lehrern (Chan 1998).

Die Studie von Tatar und Horenczyk (2003) an 280 israelischen Lehrern ist besonders interessant, denn sie zeigt einen Einfluss von kultureller Diversität oder kultureller Heterogenität auf die Belastungen von Lehrern – ein Problem, das auch zunehmend für deutsche Schulen gilt. In Israel bestehen multikulturelle Klassengemeinschaften von Schülern mit ganz unterschiedlichen kulturellen Hintergründen und Werten. Aufgrund der hohen Immigrationsrate stellt dies ein nicht unerhebliches Problem für Lehrer in Israel dar.

Bei der Untersuchung des Burn-out an israelischen Lehrern war man darauf gestoßen, dass neben einem Faktor 1 für generelles Burn-out (frustriert durch zu viel Arbeit; Überlegungen, den Beruf aufzugeben; Ungeduld und Gefühle von Erschöpfung) ein zweiter wichtiger Faktor, der zu Burn-out beitrug, Diversität war. Darunter fiel die tägliche Arbeit mit Immigranten, die den Unterricht erschwerte und die Lehrer frustrierte. Die Heterogenität und kulturelle Diversität der Schüler trug signifikant zur Vorhersage von Burn-out in dieser Studie bei. Dieses Ergebnis hat auch Relevanz für den deutschen Sprachraum, da Lehrer zunehmend mit Klassen konfrontiert sind, die durch eine große kulturelle Heterogenität gekennzeichnet sind.

Zusammengenommen sind innerhalb der Schule vor allem die Schüler Stressfaktoren für Lehrer. Fehlverhalten von Schülern ist deswegen einer der Hauptgründe für den Stress, den Lehrer berichten. So werden etwa lautes und lärmendes Verhalten, Unhöflichkeit, schlechtes Benehmen und Unmotiviertheit, Disziplinprobleme, fehlende Motivation, apathisches Verhalten und niedrige Leistung als Stressfaktoren genannt, die Lehrern in Bezug auf Schüler zu schaffen machen. Aber auch Eltern sind eine Stressquelle für Lehrer. Dazu zählen etwa die Erwartungen von Eltern, die Lehrer unter Druck setzen können. Studien zur Emotionsregulierung zeigten auf, über welche Techniken Lehrer verfügen, um mit diesen Belastungen umzugehen. Insgesamt fand man in verschiedenen europäischen Ländern eine substanziell hohe Anzahl von Lehrern, die über Stress und Burn-out berichteten. Es zeigten sich nur wenige Unterschiede zwischen den deutschen Lehrern und den übrigen Lehrern der EURO-TEACH-Studie. Die deutschen Lehrer waren älter, hatten eine höhere Wochenarbeitszeit und zeigten mehr »avoidance coping«, also Rückzug. Das lässt darauf schließen, dass man die aktiven Copingstrategien von deutschen Lehrern stärker trainieren sollte.

Zusammenfassung

In den PISA-Studien wurde die Perspektive von Lehrerinnen und Lehrern kaum berücksichtigt. In diesem Kapitel wurden spezifische berufsbezogene Belastungen von Lehrern dargestellt, die in den letzten Jahren neben der Wissensvermittlung zunehmend elementare Erziehungsaufgaben übernehmen müssen. Sich lockernde Familienstrukturen, die zunehmende Gewaltbereitschaft von Jugendlichen und berufsbedingte Perspektivenlosigkeit, Drogenprobleme sowie ein hoher Anteil an Ausländerkindern stellen weitere Belastungsfaktoren dar. Interessenskonflikte zwischen verschiedenen Parteien (Kultusministerien, Schulleitung, Eltern und Schülern) sind häufig und positive Rückmeldungen von außen selten. Zahlreiche Studien an Lehrern, unter anderem im europäischen Vergleich wie in der EUROTEACH-Studie, belegen gesundheitliche Auswirkungen als Folge von Stress bei Lehrern. Je idealistischer der eigene Anspruch, umso eher droht, so zeigen verschiedene Studien, eine langfristige Frustration, die in schwerwiegenden Gesundheitseinbußen wie dem Burn-out enden kann. Neben einer starken Stressbelastung wurden bei Lehrern Defizite in den aktiven Bewältigungsstrategien gefunden.

8 Schulbasierte Präventions- und Interventionsprogramme

In diesem Buch wurde nachdrücklich auf die »Kosten« starker Leistungsorientierung auf dem Boden einer insgesamt deutlich veränderten Lebenswelt von Jugendlichen hingewiesen. Obgleich Schulen sich darauf einstellen müssen, dass bis zu 20 % der Jugendlichen psychopathologische Symptome zeigen und damit eine psychotherapeutische Behandlung oder Beratung angezeigt ist, gibt es doch viele Wege, die allgemeine Kompetenz von *allen* Schülerinnen und Schülern zu verbessern. Im Sinne von Frydenberg et al. (2004) ist Prävention besser als Behandlung: Das Coping skill training für Jugendliche in der Schule ist ein Beispiel dafür, wie man die Bewältigungskompetenz von Schülern im Umgang mit Stress stärken kann. Andere Programme fokussieren stärker auf den Umgang mit Aggression, Angst und Depression. Auch Lehrer sind, wie in Kapitel 7 herausgearbeitet, in nicht unerheblichem Maße von Stress betroffen; auch hier scheinen Präventions- und Interventionsmaßnahmen sinnvoll.

Förderung sozialer Kompetenzen in der Schule

Die Förderung von sozialer Kompetenz ist nur eine von mehreren Aufgaben der Schule, zu denen insbesondere die Leistungsförderung zählt. Die meisten empirischen Studien fanden positive Zusammenhänge zwischen sozialer Kompetenz und Indikatoren von Schulleistungen (wie Schulnoten, Klassenwiederholungen oder Schulabbruch). Das Ausmaß des von den Schülern wahrgenommenen sozialen Eingebundenseins und der Akzeptanz durch die Mitschüler steht mit positiv motivierten Schuleinstellungen und einer höheren Unterrichtsbeteiligung in Zusammenhang. Weitere Befunde zeigen, dass Kinder mit guten Schulleistungen am Beginn ihrer Schulkarriere schnell zu begehrten Mitschülern werden (Petillon 1993). Längsschnittliche Befunde bestätigen (Chen et al. 1997), dass die Wertschätzung der Schulleistungen durch Gleichaltrige und Lehrer die Kompetenz in den folgenden beiden Klassen vorhersagen konnte.

Die Förderung sozialer Kompetenzen ist im deutschen Schulgesetz explizit als wesentlicher Erziehungsauftrag verankert. Hierfür gibt es mehrere Gründe. Schule soll über die Stärkung sozialer Kompetenzen so genannte *Schlüsselqualifikationen* wie Teamfähigkeit oder Kommunikationsfähigkeiten vermitteln und damit auf die Anforderungen des Arbeitslebens vorbereiten. Allerdings sind drei Viertel der Bundesbürger der Meinung, dass Schule zur Erreichung dieses Ziels mehr als bisher leisten sollte (Rolff et al. 2000). Es wird nämlich davon ausgegangen, dass durch die schulische Förderung sozialer Kompetenzen präventiv Risikoentwicklungen (wie Gewalt, politischer Extremismus, Delinquenz oder Drogenmissbrauch) vorgebeugt werden kann. Soziale Kompetenzen, die für Kinder und Jugendliche von Bedeutung sind, beziehen sich auf verschiedene Fähigkeiten, wie die Metaanalyse von Caldarella und Merell (1997) zeigt:

1. *Fähigkeiten zur Bildung positiver Beziehungen zu Gleichaltrigen* umfassen Kompetenzen zur Perspektivenübernahme, anderen Hilfen anzubieten oder andere zu loben;
2. *Selbstmanagementkompetenzen* beziehen sich auf Verhaltensweisen wie Ärgerkontrolle und Konfliktfähigkeit;
3. *akademische Kompetenzen* sind Fähigkeiten, wie den Instruktionen des Lehrers zuhören oder den Lehrer um Hilfe bitten können;
4. *kooperative Kompetenzen* betreffen das Anerkennen sozialer Regeln oder angemessen auf konstruktive Kritik zu reagieren;
5. *Durchsetzungsfähigkeiten* schließen Kompetenzen ein, Gespräche zu initiieren und Freundschaften schließen zu können.

Interaktionen in Peergruppen können jedoch auch ungünstig verlaufen und Entwicklungsrisiken mit sich bringen. Soziale Ablehnung, Viktimisierung durch Gleichaltrige oder Bullying kann sehr negative Folgen für die seelische Gesundheit haben und zu psychosomatischen Störungen (Mohr 1999) bis hin zum Suizid führen. Peereinflüsse können natürlich auch zur Entwicklung und Aufrechterhaltung abweichender und antisozialer Verhaltensweisen beitragen (Lösel u. Bliesener 1998). Angesichts solcher negativen Einflüsse der Peergroup kommen Präventionsprogramme zum Einsatz, die eine »soziale Immunisierung« erreichen sollen (Evans 1988), die den Schülern vermitteln, wie man mit dem Druck anderer umgehen kann (Standfestigkeitstraining). Verbessert sich die Qualität der Schüler-Schüler-Interaktion, hat dies langfristig positive Auswirkungen auf das gesamte Klassenklima (Satow 1999).

Zur Förderung sozialer Kompetenzen von Kindern und Jugendlichen in der Schule gibt es eine Vielzahl unterschiedlicher Vorschläge an Interventionen, Trainings, Programmen und Maßnahmen, die sich mit unterschiedlich breiten Zielsetzungen und mehr oder weniger theoretisch fundiert an unterschiedliche Zielgruppen richten. Topping et al. (2000) haben in der internationalen Literatur mehr als 700 schulbezogene Maßnahmen zur Förderung sozialer Kompetenzen identifiziert. Zu den wichtigsten Ansätzen zählen (vgl. Jerusalem u. Klein-Heßling 2002):
1. *Social skills training:* Hier werden Kompetenzen wie Kommunikation, Kooperation, Konfliktlösung und Kontaktaufnahme angesichts vorhandener Defizite, zum Beispiel bei sozial unsicheren, aggressiven oder dissozialen Schülern, zur Verbesserung der sozialen Anpassung eingesetzt (Kavale u. Forness 1995).
2. *Peer-Mediationen:* In diesem Fall werden Gleichaltrige oder auch Ältere als Vermittler eingesetzt. Ziel ist es, für alle Beteiligten Lernanreize zu schaffen und gemeinsam soziale Kompetenzen zu erproben. Bei diesem tutoriellen Lernen steht letztendlich die Leistungsförderung im Vordergrund, es werden aber auch günstige Effekte auf die Entwicklung sozialer Kompetenzen berichtet.

Besonders bekannt geworden ist das Lebenskompetenztraining (z. B. Mittag u. Jerusalem 2000). Hier geht es darum, soziale Kompetenzen wie Konfliktlösestrategien oder kommunikative Kompetenzen zu trainieren. Auch Petermann et al. (1997) haben ein Kompetenztraining für die Schule entwickelt.

Stressbewältigungsprogramme für Schüler

In diesem Buch wurden zahlreiche schulspezifische Stressoren von Jugendlichen thematisiert. Ihre Häufung zeigt, dass es sicher sinnvoll wäre, Stressbewältigungsprogramme bei Schülern einzusetzen. Dies ist deswegen notwendig, weil Stress Energie vom Lernprozess abzieht und so mit der Schulleistung interferiert (Kovacs 1997). Schüler, die sich chronisch gestresst oder dauerhaft überfordert fühlen, geraten außerdem in eine Beanspruchungssymptomatik, die sich in Angst, Schulunlust, aber auch Körperbeschwerden ausdrücken kann. Immer mehr Schüler leiden unter chronischen Kopfschmerzen, Bauchschmerzen, Übelkeit, Schlafschwierigkeiten und Erschöpfung. Die Ursachen von Schulstress und die generelle Zunahme der Stresssymptomatik im Schulalltag wurden in Kapitel 5 anhand aktueller empirischer Untersuchungen belegt. Maier und Pekrun (2001) haben nachgewiesen, dass Leistungsstress bei Jugendlichen deutlich höher ist als bei jüngeren Schulkindern.

Auf dem deutschen Markt verfügbar sind bereits Programme zur Stressprävention für Kinder im Grundschulalter wie »Bleib' locker« von Klein-Heßling und Lohaus (2000) und das Antistresstraining für Kinder bis zum 13. Lebensjahr mit und ohne Elternbeteiligung von Hampel und Petermann (1998). Typische Bausteine sind:

a) ein Stressmodell erarbeiten und Symptome wie Angst verstehen,
b) eine Stressanalyse betreiben und individuelle Stressoren entdecken,
c) nach Unterstützung suchen,
d) Problemlösetechniken erwerben,
e) Ausgleichsaktivitäten finden,
f) Entspannungsverfahren wie die Progressive Muskelrelaxation lernen.

Die bisherigen Evaluationen derartiger Programme sind insgesamt vielversprechend, wobei es unterschiedliche Wirkungen der einzelnen Bausteine gibt (Lohaus u. Klein-Heßling 2001). Für ältere Jugendliche gibt es derzeit kein Stresspräventionsprogramm der beschriebenen Art, wohl aber die im Folgenden beschriebenen Ansätze, die die Bewältigungsfertigkeiten trainieren.

Coping skill training für Jugendliche in der Schule

Während die zuvor geschilderten Programme sehr stark auf Stress und Entspannung fokussieren, gibt es weitere Ansätze, die speziell die Entwicklung von angemessenen Bewältigungsfertigkeiten fördern. Frydenberg et al. (2004) schildern ein Schulprogramm, das darauf abzielt, die Copingfertigkeiten von Jugendlichen zu trainieren. Im australischen Kontext geht man davon aus, dass etwa 15 bis 40 % von jugendlichen Schülern von einem solchen Training profitieren und sich auch in ihren Leistungen generell verbessern könnten.

Es handelt sich um ein Präventionsprogramm, das für *alle* Schüler gedacht ist. Das Programm wurde in Australien entwickelt und eingesetzt, weil auch dort, wie Frydenberg schreibt, Jugendliche gegenwärtig mehr Stress erleben als jemals zuvor und zunehmende Raten von Depressionen und Suizid unter ihnen auftreten, so dass ein solches Programm dringend notwendig wurde.

Das Programm »Best of coping« (BOC, Frydenberg u. Brandon 2002) basiert auf der Überlegung, dass es produktive, aber auch nichtproduktive Copingstile gibt, nämlich
1. Problem lösen unter anderem unter Benutzung von Kompromissen,
2. Suche von Unterstützung und nach professionellen Helfern,
3. nichtproduktives Coping wie zum Beispiel Wunschdenken, Ignorieren, Spannungsreduktion.

Das »Best of coping«-Programm enthält insgesamt 10 Module oder 10 Sitzungen, die Folgendes bieten:

Modul 1 *Map of coping*
Es wird zunächst erarbeitet, wie jeder von uns mit schwierigen Situationen umgeht und welche verschiedenen Copingstrategien es gibt.
Modul 2 *Positives Denken*
Hier ist es das Ziel, die Verbindung zwischen Gedanken und Gefühlen zu verstehen und zu lernen, das Denken zu verändern.

Modul 3 *Strategien, die nicht helfen*
Hier geht es besonders um die nichtproduktiven Copingstrategien, die man benutzt, wobei gezeigt wird, warum sie nicht weiter helfen.

Modul 4 *Mit anderen zu Recht kommen*
In dieser Sitzung geht es darum, wie unsere Botschaften ankommen und wie man den Botschaften von anderen aufmerksam zuhört.

Modul 5 *Um Hilfe bitten*
Hier geht es um die Verbindungen zwischen Familie und Freunden als Unterstützungspartner.

Modul 6 *Probleme lösen*
Hier werden stufenweise verschiedene Problemlösetechniken eingeübt.

Modul 7 *Entscheidungen treffen*
Hier wird unterrichtet, wie man verschiedene Optionen entwickelt und darauf aufbauend eine gute Entscheidung trifft.

Modul 8 *Zielsetzung und Leistung*
Klärt den Zusammenhang zwischen Ziel und Leistung und schaut sich zukünftige Ziele an.

Modul 9 *Unterziele*
Gliedert ein effektives Ziel in Subziele.

Modul 10 *Zeit-Management*
Hier wird gelernt, wie man mit seiner Zeit effektiv umgeht.

Zwei Studien wurden durchgeführt, um das Programm zu erproben. In einer Studie an 83 sechzehn- bis siebzehnjährigen Schülern in Australien zeigte sich, dass vor allen Dingen der Copingstil »Bezug auf andere« sehr anstieg, wobei männliche Jugendliche diesen Copingstil öfter benutzten als weibliche. Die zweite Studie fokussierte auf »at risk«-Jugendliche, die besonders hohe Werte in Depression hatten. Die »at risk«-Gruppe zeigte einen stärkeren Abfall im nichtproduktiven Coping, verglichen mit der unauffälligen Kontrollgruppe. Zusammenfassend zeigen die Ergebnisse eine Veränderung in einigen Coping-Skalen, zum Teil durchaus mit widersprüchlichen Effekten. Möglicherweise ist die Laufzeit des Programms zu kurz oder aber einige der Module, die mehr mit Zielbezug und Zeitmanagement zu tun haben, sind nicht so hilfreich, um Copingfähigkeiten zu trainieren. In jedem Fall handelt es sich um einen viel versprechenden Ansatz, der weiter evaluiert werden sollte.

Pincus und Friedman (2004) schildern ebenfalls ein Interventionsprogramm im Schulsetting, das die Copingfertigkeiten bei der Auseinandersetzung mit alltäglichem Stress verbessern hilft. Das Programm basiert auf den Annahmen,
a) dass die Unfähigkeit, mit Altersproblemen umzugehen, zu emotionalen Problemen und Psychopathologie führt;
b) dass Copingfertigkeiten gelehrt werden können und
c) dass das Lernen dieser Strategien Gesundheit und Resilienz fördern kann (Masten et al. 1990).

Das Programm, an dem 167 Kinder in New York teilnahmen, bestand aus drei kurzen, 75 Minuten dauernden Interventionen. Das Training wurde von Lehrern durchgeführt. Dabei wurden die Kinder zufällig drei verschiedenen Interventionsgruppen zugeordnet, dem kognitiv-affektiven Skilltraining, dem problem-solving Skilltraining und der Diskussionsgruppe, die als Kontrollgruppe diente. In der Gruppe 1, *kognitiv-affektives Skilltraining*, ging es vor allen Dingen darum, die Gefühle und Gedanken bei einer problematischen Situation gemeinsam zu erarbeiten und neue Methoden der Emotionskontrolle zu lernen und zwar anhand von Spielen. In der Gruppe 2, *problem-solving Skilltraining,* lernten die Kinder dagegen zunächst, Probleme zu finden, die eine Lösung benötigen, um dann in einem Fünf-Stufen-Programm das Generieren und Bewerten dieser Lösungen zu erarbeiten (zum Beispiel Problem identifizieren, über verschiedene Alternativen nachdenken, jede Wahl genau beachten, sie dann herunterzubrechen auf eine Alternative, die man genauer verfolgt, und schließlich die entsprechenden Coping Skills anzuwenden). In der dritten Gruppe, *discussion*, wurden Alltagsprobleme nur diskutiert. Nach dem Training zeigten die Kinder, die das kognitiv-affektive Skilltraining gehabt hatten, eine signifikante Zunahme ihrer Fähigkeit zur Emotionsregulierung. Beide Gruppen, 1 und 2, zeigten signifikante Zunahmen an Antworten und Strategien, die sie einsetzen könnten. Auch wenn beide Coping-Skill-Programme noch verbesserungsbedürftig sind und gegenwärtig noch nicht für den deutschen Sprachraum vorliegen, zeigen sie sinnvolle Wege auf, angemessene Bewältigungsstrategien zu erwerben, mit negativen Emotionen umzugehen und wenig produktive Lösungsmöglichkeiten zu erkennen und aufzugeben.

Konfliktmoderation und Gewaltprävention

Das Thema Gewalt und Aggression unter Schülerinnen und Schülern ist in den letzten Jahren zunehmend ins Zentrum der Öffentlichkeit und der wissenschaftlichen Diskussion gerückt (Seiffge-Krenke 2005). Gegenwärtig werden in vielen Schulen Deutschlands Gewaltpräventionsprogramme durchgeführt. Man erreicht mit diesen schulbasierten Programmen sehr viele Kinder, vor allen Dingen auch Kinder aus belasteten Familien, die sonst nur schwer erreichbar sind. Stigmatisierungsprozesse können so vermieden werden. Insgesamt ist bei schulischer Gewalt von einem multikausalen Bedingungsgefüge auszugehen, von einem Zusammenspiel gesellschaftlicher, interpersoneller und intrapersoneller Faktoren (Cierpka 1999). Obwohl die Schule sich als Ort der Gewaltprävention anbietet, kann und darf die Schule daher nicht der einzige Ort sein, von dem Veränderungen ausgehen. Entscheidend ist vielmehr eine gelungene Kooperation von Schule, Eltern, Freizeiteinrichtungen und anderen (Schick u. Ott 2002). Die Regierungskommission zur Verhinderung und Bekämpfung von Gewalt hat Ziele auf dem Weg zu einer gewaltfreien Schulkultur formuliert (Schwind et al. 1990):

– Die Verantwortlichkeit von Schülern und Lehrern für ihre Schule muss gestärkt werden.
– Die Frustration, die die Schule im Rahmen ihrer Selektionsfunktion ihren Schülern zufügt, muss durch gezielte Unterstützung bei Leistungsdefiziten verringert werden.
– Die Schule muss sich wieder auf ihren Erziehungsauftrag besinnen. Lehrer müssen in ihrer Ausbildung wieder besser auf ihre Erzieherrolle vorbereitet werden.

Mit der schulinternen Lehrerfortbildung (SchiLF) zur Gewaltprävention in der Schule können Lehrer über einen Zeitraum von ei-

nem halben Jahr mit Unterstützung von zwei schulexternen Moderatoren lernen,
a) welche Bedingungsgefüge die Entstehung von Gewalt begünstigen,
b) wie das Schulleben so gestaltet werden kann, dass nicht Gewalt, sondern prosoziales Verhalten gefördert wird und
c) wie und mit welchen außerschulischen Einrichtungen in diesem Zusammenhang kooperiert werden kann.

Es gibt aber auch Gewaltpräventionsprogramme für Schülerinnen und Schüler (vgl. zusammenfassend Kirchheim 2005). Diese Ansätze beruhen auf der Umsetzung entwicklungspsychologischer Theorien zu den Defiziten aggressiver Kinder und den Ressourcen, die aktiviert werden müssen, um aggressiven Verhaltensweisen vorzubeugen. Die Curricula unterscheiden sich hinsichtlich ihres theoretischen Hintergrunds, ihrer inhaltlichen Schwerpunktsetzung und auch der Dauer der Maßnahme, wie etwa »Think first-curriculum«, das »Violence prevention curriculum for adolescents« oder das Programm »Second step«, ein in den USA sehr verbreitetes Gewaltpräventionscurriculum, das aus entwicklungspsychologischen Theorien und Forschungsbefunden und den Defiziten aggressiver Kinder abgleitet ist. Demnach fehlen aggressiven Kindern Kompetenzen in den Bereichen Empathiefähigkeit, Impulskontrolle und Umgang mit Ärger und Wut. »Second step«, oder in der deutschen Version FAUSTLOS, setzt an diesen Schlüsselkompetenzen an, um dadurch aggressiven Verhaltensweisen präventiv entgegen zu wirken. Das Curriculum ist für Grundschulklassen gedacht (Cierpka 2001).

Für ältere Schüler ist dagegen das Programm Streitschlichter vorgesehen. Ein Streitschlichter oder Mediator vermittelt in Konflikten als neutrale Person zwischen den beteiligten Parteien und hilft ihnen bei der Lösungsfindung, ohne die Lösung selbst vorzugeben oder zu diktieren (Breidenbach 1995; Jefferys-Duden 2002). Zur Ausbildung solcher Streitschlichter kann auf eine Vielzahl deutschsprachiger Trainingsprogramme zurückgegriffen werden (z. B. Faller et al. 1996; Hagedorn 1996; Jefferys u. Noack 1998; Jefferys-Duden 2000; Hauk-Thorn, 2001), die jedoch zwei unterschiedliche Ansätze verfolgen. Einige sind ausschließlich für die

Einführung einer kleinen Gruppe sozial besonders kompetenter Schüler in die Konfliktmediation konzipiert, was Johnson und Johnson (1996) als Elite- oder Kaderansatz bezeichnen. Dem gegenüber steht der Gesamt-Schülerschaft-Ansatz (Gasteiger Klicpera 2002), bei dem alle Schüler einer Klasse oder sogar einer Schule in die Ausbildung zum Streitschlichter einbezogen werden.

Jefferys-Duden (2002) empfiehlt die Durchführung des von ihr konzipierten *Streitschlichter-Programms* im Klassenverband. Dies bietet gerade den aggressiven und gewaltbereiten Schülern die Möglichkeit, als Mediator in eine neue Rolle zu schlüpfen und sich ihren Mitschülern von einer bislang unbekannten, positiven Seite zu zeigen. Und auch wenn sie selbst später nicht als Streitschlichter tätig werden, kann die Teilnahme am Training zumindest dazu führen, dass sie sich den gewaltfreien Prinzipien der Mediation verpflichtet fühlen. Das Streitschlichter-Programm ist in insgesamt sechs Unterrichtssequenzen unterteilt, die jeweils mehr als eine Unterrichtsstunde umfassen können. Die erste Einheit dient dabei der *Einführung in die Schlichtung*. Ziele und potenzielle Anlässe von Schlichtung werden vorgestellt und gemeinsam mit den Kindern typische Konfliktgegenstände und -ausgänge erarbeitet. Auch die Fähigkeit zu paraphrasieren – das heißt zur Wiedergabe der Aussage einer anderen Person in eigenen Worten – die Jefferys-Duden (2002) als eine der wichtigsten Schlichterfähigkeiten bezeichnet, soll geübt werden. In der darauf folgenden Einheit *Konfliktlösungen* werden faire Lösungen für typische Konfliktsituationen zusammengetragen. Behandelt werden dabei unter anderem Situationen, in denen jemand gemein behandelt oder in denen ein Versehen für Absicht gehalten wurde. Ziel dieser Sequenz ist neben der Vermittlung von Lösungsmöglichkeiten, die bei der späteren Tätigkeit als Streitschlichter von Nutzen sein können, ein Training des aktiven Zuhörens. Sowohl dieses aktive Zuhören als auch das zuvor geübte Paraphrasieren ermöglichen den Schülern die Einhaltung der drei Grundregeln der Streitschlichtung – »ausreden lassen«, »Aussagen des Vorgängers wiederholen« und »höflich sprechen« – die in der Unterrichtssequenz über *Schlichterkenntnisse und -fähigkeiten* eingeführt werden. Die Schüler sollen zunächst die Bedeutung der Regeln diskutieren und anschließend gemeinsam Möglichkeiten erarbeiten, auf während der Streitschlichtung auftretende Regelverstöße zu reagieren. Sowohl in der zweiten als auch in der dritten Einheit werden also konkret auf den Schlichtungsprozesses bezogene Kenntnisse vermittelt. Im Gegensatz dazu wird in der vierten Unterrichtssequenz *Gefühle erkennen, benennen und vergleichen* eine nicht nur im Kontext von Konfliktmediation relevante Fähigkeit trainiert. Die Schüler sollen lernen, verschiedene Emotionen anhand des Gesichtsausdrucks, aber auch anhand der Intonation voneinander zu unterscheiden. Auch die Tatsache, dass mehrere Personen in derselben Situation sehr verschiedene Gefühle empfinden und Dinge ganz unterschiedlich wahrnehmen können, ist Inhalt dieser Sequenz. In der fünften Unterrichtseinheit wird den Kindern schließlich der *Schlichtungsablauf* vermittelt. Mittels einer so genannten Friedensbrücke, auf der sich die Konfliktparteien Schritt für Schritt näher kommen, wird der Ablauf einer Streitschlichtung erläutert.

In anschließenden praktischen Übungen lernen die Schüler, die Konfliktparteien zur Schilderung ihrer Sicht zu ermuntern, sie gegebenenfalls aber auch in ihrem Redefluss zu bremsen, von den Streitparteien vorgebrachte Lösungsvorschläge zu einer für beide Seiten akzeptablen Lösung zusammenzufassen und eine daraufhin getroffene Vereinbarung auf ihre Ausgewogenheit, ihre praktische Umsetzbarkeit und ihre Genauigkeit hin zu überprüfen. Erst nachdem auf diese Weise einzelne Schritte der Mediation trainiert worden sind, wird der gesamte Schlichtungsablauf in Rollenspielen durchgegangen und eingeübt. Das *Streitschlichter-Programm* ist für die Arbeit mit Schülern der 3. bis 6. Klasse konzipiert – es existiert jedoch auch ein Programm für die Sekundarstufe (Jefferys u. Noack 1998; Jefferys-Duden 2000) – und kann von Lehrern oder aber von älteren Schülern durchgeführt werden. Zur Überprüfung der Effektivität des Programms empfiehlt Jefferys-Duden (2002) die Durchführung eines Vor- und eines Nachtests zur Erfassung von Perspektivenübernahme und interpersoneller Verhandlungskompetenz der Schüler. Aus veröffentlichten Erfahrungsberichten geht hervor, dass Streitschlichter-Programme in Grundschulen, weiterführenden Schulen und auch in Sonderschulen erfolgreich umgesetzt werden können und dass die daraufhin eingerichteten Streitschlichterdienste von der Schülerschaft gut angenommen werden (Braun et al. 2002; Nordmann 2002). In den meisten Fällen erweist sich Streitschlichtung als effektiv und führt zu einer für beide Seiten akzeptablen Lösung. Darüber hinaus berichten sowohl Schüler als auch Lehrer und Eltern von einer Verbesserung des Schulklimas infolge der Ausbildung von Konfliktmediatoren und der Einrichtung eines Schlichtungsdienstes (Braun et al. 2002).

Prävention von Depression

Zahlreiche internationale Befunde belegen heute, dass depressive Symptome und Störungen im Jugendalter ein weit verbreitetes, oftmals folgenreiches und ernst zu nehmendes Gesundheitsproblem darstellen, das die schulische Leistungsfähigkeit beeinträchtigt. Depressive Jugendliche zeigen auch erhebliche Alltagsbeeinträchtigungen und verschiedene komorbide psychische Symptome. Sie tragen ein deutliches Risiko, auch in ihrer weiteren Entwicklung bis in das Erwachsenenalter hinein unter anhaltenden und wiederkehrenden depressiven Episoden zu leiden (Groen u. Petermann 2002). Neben der persönlichen Leidensgeschichte der Betroffenen ist davon auszugehen, dass depressive Störungen im Jugendalter mit hohen und längerfristigen öffentlichen Kosten zusammenhängen, die durch notwendige Behandlungsmaßnahmen entstehen können.

Im Vergleich zu den zahlreichen Forschungen und den daraus entstandenen Präventionsprogrammen zu Gewalt an Schulen hat der Anstieg von Depressionen, der besonders bei weiblichen Jugendlichen festzustellen ist, kaum Niederschlag in Form allgemeiner oder spezifischer Programme gefunden. Eine Ausnahme ist das Programm für universelle, schulbasierte Prävention der Depression im Jugendalter von Groen et al. (2003). Das Tübinger Programm umfasst neun Sitzungen à 90 Minuten und wurde mit insgesamt 179 Schülerinnen und Schülern durchgeführt. Grundsätzlich unterscheidet man universelle und selektive Präventionsansätze. Die meisten derzeit existierenden Präventionsprogramme haben ein kognitiv-verhaltenstherapeutisches Vorgehen, das sich bei der Therapie depressiver Jugendlicher zu bewähren scheint. Das Präventionsprogramm »Lust an realistischer Sicht und Leichtigkeit im sozialen Alltag« (LARS und LEISER) gliedert sich in neun Sitzungen

à zwei Schulstunden, die sich in vier Teilbereiche untergliedern lassen:
1. Vermittlung der Zusammenhänge von Kognition, Emotion und Verhalten,
2. Exploration und Veränderung von dysfunktionalen Kognitionen,
3. Selbstsicherheitstraining,
4. Training sozialer Kompetenz.

Effekte wurden im Rahmen einer kontrollierten Studie mit einer Prä-Post-Erhebung sowie einem Elf-Monate-Follow-up überprüft. Die allgemeine Depressionsskala ADS von Hautzinger und Bailer (1993) sowie einige Skalen des Youth Self-Report wurden am Anfang und am Ende vorgegeben. Es zeigten sich noch keine bedeutsamen Effekte auf die Depressionssymptomatik, jedoch bereits verschiedene positive Auswirkungen, vor allem in Hinblick auf selbstwertrelevante kognitive Faktoren, als ein wichtiges Präventionsziel. Diese Effekte können wiederum präventiv auf eine spätere depressive Entwicklung wirken.

Stressmanagement für Lehrerinnen und Lehrer

Belastungsanalysen des Lehrerberufes sind ein gut untersuchtes Themenfeld, dessen Ergebnisse in Kapitel 7 dargestellt wurden. Dort wurde auch auf das Phänomen des Burn-outs (z. B. Krause 2003) hingewiesen. Zu den am meisten gesundheitsgefährdenden Faktoren zählen nach Schaarschmidt und Fischer (1998) mangelnde Entspannungs- und Kompensationsmöglichkeiten, fehlende Aussprachemöglichkeiten und Unzufriedenheit mit dem sozialen Klima. Schaarschmidt et al. (1999) fanden in ihrer Untersuchung an 4000 Lehrern, dass 60 % der Lehrkräfte einem der beiden herzinfarktgefährdeten Burn-out-Mustern Typ A und Typ B zugeordnet werden konnten. Zu den Typ A-Mustern gehören etwa Erholungsunfähigkeit, Ungeduld, exzessive Planungsambitionen und Dominanzstreben. Neben den individuellen Schicksalen sind die volkswirtschaftlichen Kosten solcher Belastungsreaktionen kaum zu unterschätzen. In Nordrhein-Westfalen zum Beispiel betrug das durchschnittliche Pensionierungsalter 58 Jahre (Sieland u. Tacke

2000). Die Krankheiten, die häufig zu Frühpensionierungen führen, sind psychisch-vegetative und psychosomatische Erkrankungen ohne manifeste organische Ursachen, Erkrankungen des Stütz- und Bewegungsapparates, Herz- und Kreislauferkrankungen und Suchterkrankungen. In Baden-Württemberg werden Lehrer/innen sogar mit durchschnittlich 56 Jahren pensioniert. In diesem Land werden die Kosten des vorzeitigen krankheitsbedingten Ausscheidens von Lehrern aus dem Beruf auf € 2,8 Milliarden geschätzt.

Trotz eines offenkundigen Bedarfs existieren im deutschsprachigen Raum nur relativ wenige evaluierte Trainingsprogramme zur Belastungsbewältigung speziell für die Berufsgruppe der Lehrer (vgl. Kretschmann 2001). Auch Ärger- und Angstmanagementprogramme wären für Lehrer sehr nützlich (Jehle u. Nord-Rüdiger 1991). Stück et al. (2004) entwickelten ein lehrerspezifisches Belastungsbewältigungstraining, das sich in verschiedenen Stufen vollzieht. Zum einen werden Trainingsmethoden zur verbesserten Belastungsbewältigung sowohl für Schüler als auch für Lehrer durchgeführt (Modul 1 und 2), zum anderen werden Seminarkonzepte mit dem Ziel angeboten, Lehrer zu befähigen, pädagogisch-psychologische Methodiken zur Verbesserung des Unterrichtsklimas einzusetzen (Modul 3). Das Training besteht aus zwei Bausteinen:

a) *externales Coping*: die Teilnehmer und Teilnehmerinnen erhalten Anweisungen, wie man konkrete Anforderungen im leistungsbezogenen, sozialen und organisatorischen Bereich durch angemessene Lösungsmethoden effizient bewältigen kann;

b) *internales Coping:* Lehrerinnen und Lehrer werden befähigt, ihre durch Stress ins Ungleichgewicht geratene innere Balance durch verschiedene Selbstregulationsmethoden wie Autogenes Training, Yoga-Meditation, kurz- und langfristig wiederherzustellen.

Dieses Stresstraining mit Yogaelementen für Lehrer, STRAIM-Y-L, ist als 10-Wochen-Kurs mit jeweils einer Sitzung von 2 Stunden pro Woche konzipiert worden und wurde in einer sechsmonatigen Längsschnittuntersuchung auf seine Wirksamkeit hin geprüft. Es wurden drei Erhebungen durchgeführt, vor dem Training (prä), nach Abschluss des Trainings (post 1) und nach weiteren sechs Monaten (post 2). Insgesamt nahmen an der Studie 40 Lehrerinnen teil,

22 Personen bildeten die Trainingsgruppe und 18 Personen die Kontrollgruppe. Das Durchschnittsalter lag bei 44 Jahren. Zunächst zeigten sich kurzfristige Trainingseffekte, das heißt unmittelbar nach dem Training (post 1), war die psychische Beanspruchung in der Trainingsgruppe signifikant niedriger als in der Kontrollgruppe, die keine Veränderung in der psychischen Beanspruchung zeigte. Gleichermaßen ergaben sich für die Trainingsgruppe Erholungseffekte mit signifikanten Verbesserungen zwischen prä und post 1. In der Kontrollgruppe ergaben sich demgegenüber keine Veränderungen in der Einschätzung der Erholungsunfähigkeit. Außerdem erzielten die Teilnehmerinnen nach dem Training signifikant niedrigere Werte für Ungeduld. Kein Effekt konnte auf das exzessive Planen nachgewiesen werden, ebenso wenig für das Dominanzstreben. Was die langfristigen Trainingseffekte angeht, so zeigte sich nach sechs Monaten (post 2), dass sich die verbesserte Erholungsfähigkeit in der Experimentalgruppe erhalten hat. Auch die geringere Ungeduld war nach sechs Monaten noch signifikant.

Die Studie belegt, dass das Antistresstraining mit Yogaelementen für Lehrer (STRAIM-Y-L) kurz- und auch langfristig (bis zu sechs Monaten danach) positive Effekte hat. Die positiven Effekte des Trainings bestanden vor allem in der verringerten psychischen Beanspruchung der Teilnehmerinnen, sowohl die Erholungsfähigkeit als auch die Ungeduld waren sowohl direkt nach dem Training als auch sechs Monate später besser geworden. Dass trotz der geringen Stichprobenumfänge signifikante Ergebnisse erzielt wurden, spricht für den Effekt des Trainings und die Veränderung wichtiger Lebensparameter. Diese positiven Effekte des Trainings regen an, darüber nachzudenken, ein Antistresstraining unter *Fertigkeiten für den Lehrerberuf* bereits in die Ausbildung zu integrieren. Lehrer profitieren aber nur dann davon langfristig, wenn sie in enger Kooperation mit realen Veränderungen im Schulalltag eingesetzt werden (Stress abbauen, Arbeitszufriedenheit erhöhen) und regelmäßig (z. B. durch eine Supervision) kontrolliert werden.

Supervision für Lehrkräfte

Tacke (2002) beschreibt aus der Sicht einer Supervisorin, welche Bedeutung die Wertschätzung für Lehrer hat. Supervidiert wurde eine Lehrergruppe, überwiegend erfahrene, dienstältere Lehrer. Gerade die Dienstältesten machten ihr Bedürfnis nach Wertschätzung fortwährend deutlich. Tacke knüpft an Adlers (1931) Konzept von Minderwertigkeitsgefühlen und Wertlosigkeitsempfindungen an. Um Belastungsempfindungen innerhalb der Supervision abbauen zu können, sollte sich eine Lehrerin oder ein Lehrer vorab über seine Belastungen und die damit zusammenhängenden subjektiven Wahrnehmungen bewusst sein, um in Fort- und Weiterbildung an der Modifikation des eigenen Verhaltens arbeiten zu können.

In den Supervisionssitzungen ging es in der Regel um Falldarstellungen, etwa das Verhalten einzelner Schülerinnen oder Schüler, das den Supervisionsmitgliedern Sorge bereite, sei es, dass bei einem Jungen der Verdacht auf Drogenmissbrauch bestand, bei einer Schülerin Misshandlungen im häuslichen Bereich vermutet wurden, Schulschwänzen, gewalttätiges Verhalten vorlag. Die Arbeit mit Problemkindern schließt auch die Elternarbeit ein. Drohungen und Druck von Seiten der Eltern sind eine häufige Erfahrung von Lehrern, wie an Beispielen von Schülersuiziden und aggressivem Verhalten von Schülern deutlich wird. Viele Eltern sehen die Ursachen für diese Verhaltensweisen allein im schulischen Umfeld. Deshalb bereitet die Supervisionsarbeit auch Gesprächsverhalten für Elterngespräche vor und sorgt gemeinsam dafür, Verzweiflung und Empörung in konstruktives Denken und Handeln umzusetzen. Dabei spielt die Wertschätzung unter Kollegen eine große Rolle, so fühlen sich Lehrer wertgeschätzt, wenn Kollegen und Kolleginnen sie um Rat bitten. Kollegialer Austausch und Wertschätzung sind gerade im Umgang mit Krisensituationen im schulischen Alltag von großer Bedeutung. Mit Hilfe einer Supervision können diese Kompetenzen von Lehrern verstärkt, gestützt und gefördert werden.

Schulpsychologische Beratung

Der landesspezifische Gesetzesauftrag des schulpsychologischen Dienstes umfasst insbesondere die präventive und systembezogene Beratung und psychologische Beratung von Schulen, Lehrerinnen und Lehrern, Eltern, Schülerinnen und Schülern. Die schulpsychologische Beratung ist ein eigenständiger Teil der psychosozialen Versorgung, denn die Lösung vielfältiger und komplexer Fragen und Probleme im Arbeitsfeld Schule erfordert spezifische Kompetenzen, Arbeitsweisen und Organisationsformen. Schulpsychologen grenzen sich trotz einiger Überschneidungen in ihrer Einzelfallarbeit von niedergelassenen Psychotherapeuten und Kinder- und Jugendpsychiatern sowie Erziehungsberatern und in ihrer Präventionsarbeit von der Schulsozialarbeit ab. Schulpsychologen beraten ergänzend zu den Lehrkräften und Schulleitungen, Schüler und Lehrer sowie ratsuchende Eltern und Lehrkräfte und ergänzen, intensivieren und unterstützen mit professionellen Angeboten die alltägliche Form des Beratens in der Schule (Liermann 2003).

Schüler fordern aufgrund veränderter Lebensbedingungen und damit einhergehender Veränderungen der familiären Situation die Lehrer ständig in ihren erzieherischen Kompetenzen heraus. Nicht zuletzt formulieren auch Eltern Erwartungen, denen Lehrer gerecht werden müssen, zum Beispiel die Frage des Umgangs mit dem Thema Gewalt nach dem Amoklauf von Erfurt oder auch aufgeschreckt durch die PISA-Studie die Frage nach den Bildungschancen und dem Bildungsniveau ihrer Kinder. Diese Anforderungen erhöhen den Druck auf die Lehrer. Umgang mit sozialen Konflikten in der Schule, Vermittlung zwischen verschiedenen Personengruppen (z. B. Konfliktmoderation, Einführung von Gewaltpräventionsmaßnahmen, Krisenintervention) sind wichtige Interventionsansätze. Schulpsychologen arbeiten präventiv, indem sie dazu beitragen, das Lern- und Arbeitsklima zu verbessern (z. B. Streitschlichterprogramm) und die Transparenz der Kommunikation für alle Beteiligten zu erhöhen (z. B. Einführung in die Gesprächsführung) sowie die Kompetenzen der Lehrerinnen und Lehrer zu erweitern und aufrecht zu erhalten (z. B. Praxisberatung und Supervision).

Allerdings sind sie – wenn auch in geringerem Umfang als niedergelassene Therapeuten oder Therapeuten und Berater in Erziehungsberatungsstellen – beraterisch tätig. Schulangst und Schulvermeidung sind typische Beratungsanlässe für den schulpsychologischen Dienst (Jeck 2003). Eltern und Lehrkräfte reagieren auf Symptome von Schülern verunsichert und setzen auf den am schnellsten verfügbaren Ansprechpartner, in dem Falle den Schulpsychologen. Allerdings hat sich der Beratungsfokus im Selbstverständnis der Schulpsychologen und -psychologinnen neu akzentuiert: Er liegt weniger auf den individuellen Problemen, für die eher die Kinderärzte und psychotherapeutischen Praxen, Erziehungsberatungsstellen, Jugendämter und Kliniken zuständig sind, und mehr auf der Beratung des sozialen Systems Schule.

Im Sinne einer Schulentwicklungsberatung sollten Schulpsychologen auch darauf achten, dass das schulische Selbstverständnis insgesamt positiver wird, sodass sich alle mit dem pädagogischen Profil dieser Schule identifizieren können (Corporate Identity). Um das zu erreichen, muss man gemeinsam an dem Konzept dieser Schule arbeiten, zur Verbesserung der Kooperation zwischen den Lehrkräften beitragen, das Klassenklima stärken und Ähnliches.

Interventionen bei schulspezifischen Störungen: Schulangst und Schulverweigerung

Die meisten Fälle von schulspezifischen Störungen wie Schulangst und Schulverweigerung werden nicht von Schulpsychologen, sondern in psychotherapeutischen Praxen, Erziehungsberatungsstellen und Kliniken behandelt. Das Phänomen, dass Schülerinnen und Schüler sich ihrer Schulpflicht entziehen und dem Lernen im Unterricht und ihrer Schule den Rücken kehren, ist in letzter Zeit verstärkt in den Blickpunkt eines fachlichen öffentlichen Interesses gerückt. Thimm (2000) legt die wohl umfassendste Abhandlung von *Schulverweigerung* vor. Schulverweigerung ist jedoch nicht nur ein individuelles Problem. Weitreichende gesellschaftliche Veränderungen (vgl. Kapitel 3) bewirken einen Strukturwandel von Kindheit und Jugend und beeinflussen auch individuelle Entwicklungsbedingungen (Hoepner-Stamos u. Hurrelmann 1999). Die Krise des Arbeitsmarktes führt zu einer Verknappung beruflicher

Ausbildungschancen und zu einer frühen Konfrontation der Jugendlichen mit Arbeitslosigkeit im familiären Umfeld. Das Schülerdasein wird durch höhere interindividuelle Konkurrenz belastet. Diese und weitere Faktoren erzeugen bei den Heranwachsenden Zukunftsunsicherheit und Versagensängste.

Der Zugriff auf die Suchmaschine Google im Januar 2003 lieferte unter dem Stichwort Schulverweigerung ca. 8000 deutschsprachige Einträge. In Berlin wurde rückblickend für das Schuljahr 2001/2002 erstmals die Anzahl von Fehltagen in allen Schulen und Schultypen erhoben und in der Tagespresse veröffentlicht. Der Handlungsdruck der Schulen wächst notwendigerweise mit der zunehmenden Anzahl schulverdrossener Kinder und Jugendlicher. Haubner und Uhle (2003) raten, die Warnsignale frühzeitig ernst zu nehmen, dabei sollte man folgende Phänomene im Auge behalten: abnehmendes Lernengagement und Lernverweigerungsverhalten, Angstreaktionen im Zusammenhang mit Prüfungs- und Leistungssituationen, Anzeichen von Schulunlust, Schulverdrossenheit und Schulmüdigkeit, Misserfolgserwartungen, eine resignativ-depressive Verarbeitung von Misserfolgen, ungenügende soziale Integration und Randständigkeit in der Klasse, Rückzug aus den Beziehungen zu vertrauten Lehrern und Lehrerinnen, Fehlstunden und wiederkehrende Krankheitsmeldungen, Berichte über familiäre Krisen und ungenügende Zusammenarbeit zwischen Elternhaus und Schule, Verwahrlosungstendenzen und Bandenbildung. Des Weiteren ist auch auf Mobbing- und Gewaltvorfälle auf Pausenhöfen und Schulwegen zu achten. Besonders sensibel sollten Schulen auf gehäufte Krankmeldungen reagieren. In einem sehr frühen Stadium sollten die Schulen das Gespräch mit den Eltern suchen und möglicherweise auch Kontakt zum krankschreibenden Arzt aufnehmen. Es ist wichtig, Schulphobie, Schulangst und Schulschwänzen voneinander diagnostisch zu trennen, um die Situation nicht falsch einzuschätzen. Intensive Kommunikation ist notwendig, um die Zusammenarbeit zwischen Schule und Eltern und Schülern zu intensivieren. Da Schulschwänzen im Jugendalter nicht selten mit delinquentem Verhalten einhergeht (Wilmers u. Greve 2002) ist auch möglicherweise mit Polizei und Jugendgericht zu kooperieren.

Es gibt ganz unterschiedliche Formen von Schulangst, die zum Teil mit Bewertungsängsten zusammenhängen (Leistungsangst,

Prüfungsängstlichkeit, Besorgnis und Aufgeregtheit bei Leistungssituationen), aber auch soziale Ängste umfassen (Verlegenheit, Scham, Publikumsangst, Schüchternheit, Probleme, vor der Klasse zu sprechen). Insbesondere bei jüngeren Kindern kommen hier noch Trennungsängste hinzu. Des Weiteren ist darauf hinzuweisen, dass extreme Verläufe von Angstentwicklungen mit Krankheitswert bei ca. 5 % der Jugendlichen zu einer dauerhaften Vermeidung des Schulbesuchs führen (Oelsner u. Lehmkuhl 2002).

Die *Schulphobie* umfasst extreme Angst vor der Trennung von zu Hause mit Wissen der Eltern und ist vor allen Dingen bei jüngeren Kindern zu diagnostizieren. Daher treten Schulphobien gehäuft in den ersten Schuljahren auf und kommen nur vereinzelt in höheren Klassen vor, etwa beim Übergang zum Gymnasium. Schulphobische Kinder befinden sich in einem starken Autonomie-Abhängigkeitskonflikt zwischen Familie und Schule. Die Klagen des Kindes über körperliche Beschwerden werden von der Familie meist sehr ernst genommen und das Kind bei kleinsten Anlässen zu Hause gelassen. In der Regel wird das Fehlen in der Schule mit ärztlichen Attesten legitimiert.

Eine weitere Form der Schulverweigerung ist die *Schulangst*. Im Unterschied zur Schulphobie ist dies eine situationsadäquate Reaktion auf eine vom Kind wahrgenommene Bedrohung durch Mitschüler oder Lehrer. Die Bedrohung kann unterschiedliche Ursachen haben. Oft schaffen es diese Schüler und Schülerinnen nicht, den Leistungsanforderungen der Schule nachzukommen und fühlen sich als Versager und Verlierer. Ihr Selbstwerterleben engt sich auf das Defiziterleben ein. Sozialer Rückzug, Ausgrenzung und Isolation sind die Folge. Diese Kinder reagieren in Stresssituationen häufig mit vegetativ-funktionellen Beschwerden wie Bauch- und Kopfschmerzen, Schwindel, Übelkeit und Erbrechen. Schulängstliche Kinder sind am Lernen durchaus interessiert, meiden aber den Unterricht aus Furcht vor der nicht bewältigten Belastung. Schul- und Klassenwechsel, Mobbingsituationen unter Schülern und Herabsetzung durch Lehrkräfte sowie schlechte Zensuren können leicht Auslöser für den Mechanismus einer Schulangst sein. Ist das Angsterleben auf den Unterricht eingegrenzt, etwa als *Prüfungsangst*, Angst im Unterricht zu sprechen, Angst vor kritischer Leistungsbewertung und Ähnlichem, sind optimale Prüfungsvorbereitungen, das Erlernen effizienter Lern- und Arbeitstechniken sowie das Erlernen spezifischer Entspannungstechniken wichtig.

Schulschwänzen ist die dritte Form der Schulverweigerung. Tom Sawyer und Pippi Langstrumpf begegnen uns in der Literatur als klassische Schulschwänzer: Sie bleiben der Schule nach Lust und Laune fern, haben Besseres zu tun als in der Schule zu sitzen und werden kaum von Gewissensbissen geplagt. Sie suchen sich attraktive alternative Beschäftigungen, sind extrovertiert, risikobereit und unternehmenslustig. Die Schulschwänzerinnen und Schulschwänzer von heute verbummeln ihre Zeit in Einkaufszentren, bei Computerspielen und sind nicht selten mit gleich gesinnten Altersgefährten unterwegs. Damit steigt die Gefahr von dissozialen und delinquenten Verhaltensweisen. Schulschwänzen tritt häufiger an Gymnasien auf sowie bei Schülern mit niedrigem Bildungsniveau und Gewalterfahrung in der Familie. Da Schulschwänzen sich öffentlich abspielt, handelt es sich um die Form der Schulverweigerung, die in den Medien am meisten beachtet wird. In vielen Fällen bleibt den Eltern das Schulschwänzen zunächst verborgen. Während Kinder mit Schulangst und Schulphobie wegen somatischer Beschwerden mit einer Angstsymptomatik häufiger in ärztlichen, psychiatrischen und psychologischen Einrichtungen betreut werden, sind Schulschwänzer dort selten anzutreffen. Ihnen fehlt in der Regel der Leidensdruck. Auf der psychischen Ebene lassen Schulschwänzer und Schulschwänzerinnen Persönlichkeitsreife und die Entwicklung eines altersgerechten Normen- und Wertesystems vermissen.

Wenn bei Jugendlichen Verhaltensauffälligkeiten diagnostiziert werden: Erziehungspartnerschaft von Familie und Schule

Bereits im Kindergartenalter wurde eine Rate von ca. 10–20 % psychopathologisch auffälliger Kinder gefunden (Miller u. Hahlweg 2001; Kuschel et al. 2000). Dort ist sie Anlass für die Etablierung einer Erziehungspartnerschaft von Eltern und Erzieherinnen, um den entstehenden Problemen früh zu begegnen. Dies ist aber gerade bei Problemkindern nicht ganz einfach. Das Ansprechen der Eltern auf mögliche Probleme ihrer Kinder gilt bei Erziehern und Fachdiensten als eine bekannt schwierige Situation. Eltern wollen, zumindest nach Einschätzung der Erzieherinnen, Probleme ihrer Kinder oft nicht wahrhaben und reagieren auf entsprechende Hinweise einerseits mit Selbstzweifeln und Schuldgefühlen, neigen aber auch dazu, die Probleme des Kindes dem Kindergarten zuzuschreiben (Mayr 1997). Peitz (2004) fand bei 141 Müttern von Kindergartenkindern, dass die Identifikation von Auffälligkeiten durch die Erzieherin mit einer Abwertung ihrer Person durch die Mutter einhergeht (negative Korrelation) und zwar unabhängig davon, wie die Mutter ihr Kind selbst einschätzte.

Diese Zusammenhänge sind auch für ältere Kinder und Jugendliche gültig und bei dem Aufbau einer Erziehungspartnerschaft zu bedenken. Der Hinweis der Lehrer auf kindliches Problemverhalten wird von Eltern nämlich oft als Kritik an ihrer Erziehungsfähigkeit aufgefasst – und das ist nicht unbegründet, denn Studien wie die von Wolfram (1995) zeigen, dass Erzieherinnen in erster Linie die Ursache für Probleme im Umgang mit Kindern bei den Eltern suchen und weniger bei sich selbst. Man weiß aus Untersuchungen von Achenbach et al. (1987), dass das Bild, das ein Lehrer von einem Kind hat, im Allgemeinen nur geringe Übereinstimmung mit der Wahrnehmung des Kindes durch die Mutter hat. Es gibt also Wahrnehmungsdivergenzen zwischen Eltern und Erzieherinnen oder Lehrern bei der Beurteilung von Kindern.

Auch in diesem Fall sind stresstheoretische Gesichtspunkte sinnvoll einsetzbar. Eine Reihe von Studien belegen nämlich die negativen Auswirkungen von Belastungen und Stress für Prozesse der Kommunikation und Interaktion (Bodenmann et al. 1996). Unter Stress nimmt die Fähigkeit zur Perspektivenübernahme, sich in die Sichtweise des Gegenübers einzufühlen, ab (Ickes u. Simpson 1997). Die verbale und paraverbale Negativität in Konfliktgesprächen nimmt dagegen deutlich zu (Bodenmann et al. 1996). Diese Veränderungen sind zu beachten, wenn man mit Eltern von Problemkindern zu tun hat.

Es ist deutlich geworden, dass die meisten in diesem Kapitel vorgestellten Präventions- und Interventionsmaßnahmen in das gesamte System Kind-Familie-Schule eingreifen und den Jugendlichen, die Familie, die Schule, das außerschulische Helfersystem insgesamt integrieren müssen. Deutlich wurde aber auch, dass spezifische Defizite vorliegen. Im Vergleich zu den zahlreichen Präventionsprogrammen zu Gewalt an Schulen hat der Anstieg an internalisierenden Störungen, zu denen bestimmte Formen der Schulangst sowie Depressionen und Suizidalität gehören, kaum Niederschlag in Form allgemeiner oder spezifischer Programme gefunden. Auch die zunehmenden Essstörungen werden überwiegend in therapeutischen Praxen und Kliniken in Form von Einzelbehandlungen therapiert, während allgemeine Präventionsprogramme weitgehend fehlen. Insgesamt spricht sehr viel für eine Erziehungspartnerschaft zwischen Eltern und Schule. Die enge Verzahnung von schulischen und familiären Stressoren, die in Kapitel 6 deutlich wurde, aber auch die wechselseitigen Ressourcen und Kompensationsmöglichkeiten, die dort aufgezeigt wurden, lassen eine solche enge Kooperation als sehr sinnvoll und gewinnbringend erscheinen. Bemerkenswert ist des Weiteren, dass die umfangreichen Befunde zum Stresserleben und Burn-out bei Lehrern wenig Niederschlag in Form konkreter Präventions- und Interventionsansätze gefunden haben.

Zusammenfassung

In diesem Buch wird nachdrücklich auf die »Kosten« starker Leistungsorientierung auf dem Boden einer insgesamt deutlich veränderten Lebenswelt von Jugendlichen hingewiesen sowie auf die Gesundheitsbeeinträchtigungen von Lehrern und Schülern. Zahlreiche Präventions- und Interventionsansätze werden in diesem Kapitel vorgestellt, so Stressbewältigungsprogramme für Lehrer und Schüler, die die Bewältigungskompetenz im Umgang mit Stress stärken. Andere Programme fokussieren stärker auf Konfliktmoderation und den Umgang mit Aggression und Angst sowie Depression. Supervision von Lehrkräften, schulpsychologische Beratung und Therapie von Schulangst oder Schulverweigerung sind weitere Ansätze, die vorgestellt werden. Die enge Verzahnung zwischen Ansätzen im schulischen Bereich und der Elternarbeit wird hervorgehoben.

9 Konsequenzen und Ausblick

Zielsetzung dieses Buches war es, vor dem Hintergrund der PISA-Studien, die Ursachen für das vergleichsweise schlechte Abschneiden deutscher Schüler im internationalen Vergleich genauer zu beleuchten. Bei der Suche nach den Ursachen für diese Ergebnisse wurde ein weiter Bogen gespannt und die gesellschaftlichen Rahmenbedingungen, aber auch typische Belastungen im schulischen Bereich aus der Sicht von Schülern und Lehrern analysiert. Da der familiäre Kontext eine große Rolle spielt, wurden Befunde hierzu ebenfalls herangezogen. Stress in der Schule kann eine der Ursachen dafür sein, dass deutsche Jugendliche nicht so gut abgeschnitten haben. Zu klären war aber auch, wie es um die Bewältigungskompetenz von deutschen Jugendlichen generell bestellt ist und wie sie etwa mit Belastung in anderen Bereichen umgehen. Daher wurden die Stressbelastung und die Bewältigungskompetenz von deutschen Jugendlichen in zwei miteinander zusammenhängenden Bereichen, Schule und Eltern, untersucht. Dazu wurden auch Daten von Jugendlichen aus anderen Ländern herangezogen. Insgesamt 9778 Jugendliche aus 18 Ländern wurden dazu befragt. Neben einem kurzen Resümee sollen am Ende dieses Buches erste Hinweise gegeben werden, wie man die Ergebnisse umsetzen könnte.

Beeindruckende Bewältigungsleistung aller Jugendlichen

Eine kulturvergleichende Perspektive, belegt an einem so umfangreichen Datensatz wie hier, ist selten. Bei der Mehrheit kulturvergleichender Studien zu Stress und Coping handelte es sich bislang um bi- oder trinationale Untersuchungen. Dabei wurden zumeist

Jugendliche aus benachbarten Ländern wie Polen und Deutschland verglichen (z. B. Schönpflug u. Jansen 1995) oder Jugendliche aus Ländern, die aufgrund ihrer ökonomischen Beziehungen füreinander wichtig sind, wie Russland und die USA (z. B. Jose et al. 1998). Vergleiche zwischen individualistischen und kollektivistischen Kulturen wurden angestellt (Bailey u. Dua 1999; Sinha et al. 2000, Triandis 1995). Dabei wurde häufig gefunden, dass Jugendliche aus westlichen Kulturkreisen mehr problemorientiertes Copingverhalten zeigen als Gleichaltrige aus östlichen, asiatischen Kulturen, die einen vergleichsweise höheren Anteil an emotionsorientiertem Coping aufweisen (Olah 1995; Sinha et al. 2000). Auch unsere Studie belegt, dass Jugendliche aus westlichen Kulturkreisen eher aktiv vorgehen. Unsere kulturvergleichende Studie zur Stresswahrnehmung und -bewältigung dokumentiert jedoch nicht nur die Unterschiede, sondern auch die große Ähnlichkeit in der Stressbewältigung im Jugendalter. Auffällig ist nämlich, dass Jugendliche aus allen Ländern überwiegend kompetente Bewältiger sind und in den meisten Ländern aktive und internale Bewältigungsstile zwischen 70 % und 80 % aller Reaktionen ausmachen. Dies signalisiert einen effektiven Umgang mit Problemen.

Natürlich gab es auch kultur- und länderspezifische Unterschiede, so etwa die höheren Raten im internalen Coping bei nordeuropäischen Jugendlichen und die höheren Raten im Rückzug bei Jugendlichen aus dem südeuropäischen, asiatischen oder orientalischen Kulturraum. Zusammengenommen aber imponiert diese beeindruckende Bewältigungsleistung einer großen Zahl von Jugendlichen aus unterschiedlichen Kulturräumen angesichts einer immer komplexer werdenden Welt. Geschlechtsunterschiede traten am deutlichsten in Ländern auf, die sich durch ein eher konservatives Wertesystem auszeichneten und – unerwartet – auch bei Jugendlichen aus den früher kommunistisch regierten Staaten Osteuropas. Verglichen mit früheren Studien waren die Geschlechtsunterschiede aber insgesamt gering ausgeprägt. Dies spricht dafür, dass sich im Zuge der Modernisierung und Globalisierung zunehmend gleichberechtigte Umgangsformen entwickelten, die sich nachhaltig auf die Stresswahrnehmung und die Bewältigungsstile ausgewirkt haben.

Deutsche Jugendliche: Viel Schulstress, wenig Elternstress

Unterschiede zwischen den Jugendlichen ergaben sich vor allem im Hinblick auf die Größe und das Ausmaß des erlebten Stresses. Schulstress ist vergleichsweise hoch unter Jugendlichen in Mitteleuropa, darunter Deutschland. Familienbezogene Stressoren wurden vermehrt von Jugendlichen aus kollektivistischen Ländern genannt, ähnlich wie in der Studie von Gibson-Cline (1996), in der weltweit Jugendliche aus 13 Ländern befragt wurden, oder in Ländern, in denen die familiäre Einbindung sehr eng ist. Entsprechend lag der Elternstress in unserer Schule höher bei Jugendlichen aus Osteuropa, Südeuropa, Südafrika, Asien und dem Orient. Die sehr niedrigen familienbezogenen Stresswerte, die dagegen Jugendliche aus Mitteleuropa (darunter Deutschland) und Nordeuropa angeben, sind als Hinweis darauf zu werten, dass die Eltern-Jugendlichen-Beziehungen bereits sehr partnerschaftlich sind und wenig Anlass für Konflikte geben. Dies ist als ein sehr positives Ergebnis zu werten.

Das Aufwachsen in einem bestimmten Kulturkreis und gesellschaftlichen Rahmen hat Einfluss darauf, was als belastend angesehen wird und wie damit umgegangen wird. Neben dem Einfluss traditioneller Werte und Normen, wie beispielsweise dem Familien- und Erziehungssystem, spielt jedoch auch die gegenwärtige politische oder ökonomische Situation eine wesentliche Rolle. Auch die Sicherheit, mit der man einen Studien- oder Ausbildungsplatz bekommt, die Höhe der Jugendarbeitslosigkeit oder die Möglichkeit, seinen Beruf selbst wählen zu können, ist entscheidend für die Stressbelastung Jugendlicher. Dies erklärt teilweise, dass Jugendliche aus westlichen Kulturen, die global gesehen bessere Lebensbedingungen haben als viele Jugendliche aus Entwicklungsländern oder Ländern, die sich im gesellschaftlichen Umbruch befinden, so relativ hohe Stresswerte berichten.

Hinzu kommt, dass sich die Lebensbedingungen der Jugendlichen in den Industrieländern, wie wir am Beispiel von Deutschland aufgezeigt haben, insofern verschlechtert haben, als längere Ausbildungszeiten und erhöhte Leistungsanforderungen nicht zu mehr Arbeitsplatz- und Zukunftssicherheit führen. Diese Veränderung im letzten Jahrzehnt erklärt die doch erheblichen Stresswerte deutscher Jugendlicher im schulischen Bereich.

Internationale Schulleistungsstudien, vor allem PISA, verdeutlichen, dass die Selektion im deutschen Schulsystem einen vergleichsweise hohen Stellenwert einnimmt. Einerseits besteht eine starke interne Selektion (Zurückstellung vom Schulbesuch, Sitzen bleiben, Abstufung und Überweisung an eine untere Schulform), andererseits gibt es eine enorme Selektion mit relativ früher Aufteilung der Schülerinnen und Schüler auf unterschiedliche Formen der Sekundarstufe I. In anderen Ländern, gerade auch in solchen, die bei PISA (Baumert et al. 2001) und TIMS (Third International Mathematics and Science Study; Baumert et al. 2000) besonders gut abgeschnitten haben, existiert nicht nur eine längere gemeinsame Grundschulzeit, auch die Differenzierungen im Sekundarschulbereich I, sofern überhaupt vorhanden, bestehen in schulinterner Binnendifferenzierung, nicht aber wie in Deutschland in einer hierarchischen Gliederung. Wegen der Koppelung von Berufs- und Lebenschancen an schulische Zertifikate und der geringen Durchlässigkeit des starren deutschen Schulsystems für Aufsteiger ist der Besuch einer bestimmten Schulform lebensgeschichtlich von erheblicher Bedeutung. Besonders begehrt ist das Gymnasium, was die gestiegenen Bildungsaspirationen von Eltern sowie Schülerinnen und Schülern verdeutlicht (Spangenberg u. Weißhaupt 1999). Es wurde die enge Verquickung von Schul- und Elternstress verdeutlicht sowie die Tatsache, dass die Reaktionen von Eltern auf schulisches Leistungsversagen oder eine schlechte Note sehr entscheidend mitbestimmen, wie stressreich dies erlebt wird. Desgleichen wurden die höheren Stresswerte von Gymnasiasten im Vergleich zu Schülern anderer Schulformen unterstrichen.

In ihrer Schullaufbahn werden Jugendliche nicht nur mit vielfältigen leistungsbezogenen, sondern auch mit emotionalen und sozialen Anforderungen konfrontiert, deren Bewältigung die Voraussetzung für eine erfolgreiche schulische Karriere darstellt. Zahlreiche Stressoren entstehen, wie unsere Studie gezeigt hat, durch ein ungünstiges Unterrichtsklima mit wenig Kameradschaftlichkeit und Unterstützung. Relativ häufig sind verbale Gewaltformen (wie Anschreien, Schimpfwörter verwenden) vor allem im Gymnasium. Wenn Jugendliche im schulischen Umfeld wenig soziale Unterstützung durch die Klassenkameraden erfahren, Konkurrenzdenken vorherrscht und Lehrer im Unterricht zu wenig Bezug zur aktuellen Lebenssituation des Schülers herstellen oder auch die Schüler-Lehrer-Beziehung nicht individuell gestaltet ist, erleben insbesondere deutsche Jugendliche die Schule als stressreich.

Die gesundheitlichen Kosten

Ein sehr wichtiges Anliegen dieser Studie war es, die Ergebnisse von PISA in einen größeren gesamtgesellschaftlichen Rahmen zu stellen, auf den deutlich veränderten Entwicklungskontext deutscher Jugendlicher hinzuweisen und die zu enge Leistungsperspektive auszuweiten auf Kompetenz im Umgang mit altersspezifischen schulischen und familiären Stressoren. Dabei wurden auch die langfristigen Folgen von zu viel Stress deutlich.

Stress ist nicht per se problematisch. Die kognitive Aktivationstheorie (Ursin 1988) belegt, dass eine normale Reaktion auf Stress physiologische Aktivation ist. Jedoch stellt ständige Aktivation einen der Schlüsselmechanismen für das Entstehen somatischer Beschwerden dar (Steptoe 1991). In Übereinstimmung mit dieser chronischen Aktivationshypothese steht eine chronisch zu hohe Arbeitsbelastung (ständig zu viel zu tun haben) mit höheren Körperbeschwerden in Beziehung. Wenn Jugendliche dauernd die Leistungsanforderungen der Schule als ihre eigene Kapazität überfordernd erleben, wird physiologische Aktivation auftreten und entsprechend auch auf Dauer Körperbeschwerden und weitere psychische und körperliche Symptome verursachen (Aro et al. 1989). Aber auch die über schulische Leistungsanforderungen hinausgehenden Belastungen (Konkurrenzdenken, aggressive Auseinandersetzungen mit Mitschülern u. Ä.), die deutsche Schüler in unserer Studie nannten, sind erheblich. Die engen Zusammenhänge zwischen Schul- und Elternstress und psychischen und körperlichen Symptomen wurden in diesem Buch vielfach belegt.

Was kann man tun?

Es stellt sich die Frage, ob die psychischen Kosten, die aufgrund der Selektion und des Leistungsdrucks für alle Schülerinnen und Schüler entstehen, notwendig oder vermeidbar oder zu vermindern wären. Bedenkenswert sind etwa Maßnahmen zur besseren Förderung bei schulischen Schwierigkeiten. Während beispielsweise im PISA-Siegerland Finnland auf schulische Probleme der Schülerinnen und Schüler mit Maßnahmen zur verstärkten Förderung und zusätzlichen Lernangeboten reagiert wird, wie Unterstützung der Klassenlehrer/in durch externe Fachleute aus Schulpsychologie, Sozial- und Sonderpädagogik oder mit zusätzlichen Förderkursen auch in den Ferien, müssen deutsche Schülerinnen und Schüler mit Sitzen bleiben und Schulabstufungen rechnen, also einer Rücknahme der Leistungsansprüche (Valtin u. Wagner 2004).

Die in diesem Buch präsentierten Ergebnisse sollten unter anderem Anlass dazu geben, Schulunterrichtskonzepte dahingehend zu ändern, dass Jugendliche im Schulalltag mehr Möglichkeiten zur Mitgestaltung im Unterricht und zur Regulierbarkeit der Anforderungen erhalten. Dadurch können die Schülerinnen und Schüler die alltäglichen Ärgernisse des Schulalltags besser bewältigen und auch die schulischen Leistungsanforderungen als sinnvoll erleben. Zugleich wäre es für Lehrer leichter, mit diesen besser motivierten Schülern zu arbeiten.

Die Analyse von Lehrerstress hat zu Tage gefördert, das unmotivierte und störende Schüler einen wesentlichen Belastungsfaktor für Lehrerinnen und Lehrer darstellen. Ähnlich wie bei Belastungen von Schülern hatte sich bei der Untersuchung der Faktoren, die Lehrer als belastend erleben, gezeigt, dass der Leistungsaspekt nur ein, wenngleich wichtiger Faktor ist. Die emotionalen Belastungen durch ein problematisches Klassenklima, zuviel Konkurrenz und einen aggressiven Interaktionsstil waren bei Lehrern wie Schülern hoch und ebenfalls eng mit gesundheitlichen Auswirkungen verbunden.

Stärker individualisierte Lehrer-Schüler-Beziehungen könnten ein produktives Unterrichtsklima fördern. Damit ist gemeint, dass Lehrer fürsorglich auf den einzelnen Schüler eingehen, sich interessiert an ihren allgemeinen und schulischen Problemen zeigen und deutlich machen, dass die Schüler im Unterricht eine zentrale Rolle spielen. Dominiert im Unterricht eine soziale Bezugsnorm, erhöht das den Druck zwischen den Schülern und erzeugt ein Klima von Konkurrenz und Abwertung. Eine zusätzliche Wettbewerbsverschärfung entsteht, wenn die Leistungen der Schüler für die persönliche Wertschätzung durch den Lehrer bedeutsam sind. Ein individualisierter Unterricht dagegen führt bei Schülern eher zu einer stärkeren Orientierung an den Lernleistungen und nicht an den Resultaten. Deutsche Schulen müssen sich fragen lassen, ob sie die förderlichen Rahmenbedingungen dazu bereitstellen.

Der OECD-Bericht verweist auf mögliche nationale Unterschiede in der Unterstützungskultur von Lehrkräften gegenüber ihren Schülern und Schülerinnen (OECD 2001). Diese Art von Kultur wäre – so vermuten Valtin und Wagner (2004) – in deutschen Gymnasien noch verbesserungsfähig. Dies erklärt möglicherweise, dass die Hauptschüler ihre Lehrerinnen und Lehrer positiver beurteilen als die Gymnasiasten. Lehrerinnen und Lehrer sind aber selbst – wie dieses Buch eindrucksvoll zeigt – zahlreichen zusätzlichen Belastungen ausgesetzt, für die sie Unterstützung dringend benötigten. Auch in diese Richtung muss gedacht werden.

Im Zentrum dieses Buches standen Stresswahrnehmung und Bewältigung von deutschen Schülern. Dabei ließ sich ein signifikanter Zusammenhang zwischen Schulstress und psychischen und körperlichen Symptomen nachweisen. Ähnlich hohe Zusammenhänge findet man bei Lehrern. Die sich abzeichnende Entwicklung verlangt zunehmend nach Lösungen im Sinne von Präventionen, denn Präventionskonzepte sind sowohl langfristig erfolgreicher als auch deutlich kostengünstiger als Interventionsmaßnahmen. Die eigenen Ergebnisse stützen die These, dass sich vor allem bei Jugendlichen in den neuen Bundesländern über ein Jahrzehnt nach der Wiedervereinigung eine hohe psychische Symptombelastung herausgebildet hat, die den aktiven Aufbau präventiver Angebote erforderlich macht. Besondere Hilfe bedürfen auch Jugendliche aus Risikogruppen, die durch Armut, Migration und Fehlen eines Elternteils betroffen sind. Effektive Stressbewältigungsformen sind eine wichtige Ressource, die die Effekte von Belastungen abpuffern helfen und die Jugendlichen stärken.

Zusammenfassung

In diesem Buch wurde die beeindruckende Bewältigungsleistung der meisten deutschen Schüler hervorgehoben, die im internationalen Vergleich gut abschnitten. Charakteristisch für deutsche Schüler waren erhebliche Schulstressoren, aber relativ geringe Elternstressoren, was als Hinweis auf die insgesamt recht intakten und zufrieden stellenden Eltern-Jugendlichen-Beziehungen in den meisten Familien zu werten ist. Die Ressourcen der deutschen Schüler wurden also deutlich, aber auch ihre Belastungen, die erhebliche gesundheitliche Beeinträchtigungen zur Folge hatten. Die Perspektive der Lehrer, ihre Belastungen und Bewältigungsstrategien, wurden ebenfalls berücksichtigt. Abschließend wurden Überlegungen für die Umsetzung dieser Forschungsergebnisse in die Praxis angestellt.

Literatur

Achenbach, T. M.; Howell, C. T.; McConaughy, S. H.; Stanger, C. (1995): Six-year predictors of problems in a national sample, III: Transition to young adult syndromes. Journal of the American Academy of the Child and Adolescent Psychiatry 34: 658–669.

Achenbach, T. M.; McConaughy, S. H.; Towell, C. T. (1987): Child/adolescent behavioral and emotional problems: Implications of cross-informant correlations for situational specifity. Psychological Bulletin 101: 213–323.

Adler, A. (1931): Wozu leben wir? Frankfurt am Main, 1999.

Allgemeen Burgerlijk Pensioensfonds (1995): Arbeidsongeschiktheid Ambtenaren: Een statistisch overzicht. Heerlen, The Netherlands.

Alsaker, F. (1996): Annotation: The impact of puberty. Journal of Child Psychology and Psychiatry 37: 249–258.

Amato, P. R. (2000): The consequences of divorce for adults and children. Journal of Marriage and Family 62: 1269–1287.

Amato, P. R.; Booth, A. (2001): The legacy of parents' marital discord: Consequences for children's marital quality. Journal of Personality and Social Psychology 81: 627–638.

Aro, H.; Hanninen, V.; Paronen, O. (1989): Social support, life-events and psychosomatic symptoms among 14–16 year-old adolescents. Social Science and Medicine 29: 1051–1056.

Aro, H.; Paronen, O.; Aro, S. (1987): Psychosomatic symptoms among 14–16 year old Finnish adolescents. Social Psychiatry 22: 171–176.

Aronson, E.; Pines, A. M.; Kafry, D. (1983): Ausgebrannt. Psychologie Heute 10: 21–27.

Bailey, F. J.; Dua, J. (1999): Individualism-collectivism, coping styles, and stress in international and Anglo-Australian students: A comparative study. Australian Psychologist 34: 177–182.

Balz, E. (1998): Gesundheitserziehung durch sportliche Aktivitäten: Schule. In: Bös, K.; Brehm, W. (Hg.), Gesundheitssport. Ein Handbuch. Schondorf, S. 331–340.

Band, E. B.; Weisz, J. R. (1988): How to feel better when it feels bad: Children's perspectives on coping with everyday stress. Developmental Psychology 24: 247–253.

Barth, A.-R. (1992): Burnout bei Lehrern: Theoretische Aspekte und Ergebnisse einer Untersuchung. Göttingen.

Baumert, J.; Artelt, C.; Klieme, E.; Neubrand, M.; Prenzel, M.; Schiefele, U.; Schneider, W.; Tillmann, K.-J.; Weiß, M. (2001): PISA 2000. Basiskompetenzen von Schülerinnen und Schülern im internationalen Vergleich. Opladen.

Baumert, J.; Bos, W.; Lehmann, R. H. (Hg.) (2000): TIMSS/III: Dritte Internationale Mathematik- und Naturwissenschaftsstudie – Mathematische und naturwissenschaftliche Bildung am Ende der Schullaufbahn. Opladen.

Baumrind, D. (1991): Effective parenting during early adolescent transition. In: Cowan, P. A.; Hetherington, M. (Hg.), Family transitions. Hillsdale, NJ, S. 111–163.

Baydar, N.; Brooks-Gunn, J. (1991): Effects of maternal employment and child-care arrangements on preschoolers' cognitive and behavioral outcomes: Evidence from the children of the National Longitudinal Survey of Youth. Developmental Psychology 27: 932–945.

Bayer, I.-M.; Schmidt-Rathjens, C. (2004): Gewalt und Aggression an deutschen Schulen: Persönlichkeitsmerkmale und Reaktionsstrategien von Tätern und Opfern. Psychologie in Erziehung und Unterricht 51: 169–177.

Becker, R.; Nietfeld, M. (1999): Arbeitslosigkeit und Bildungschancen von Kindern im Transformationsprozess. Eine empirische Studie über die Auswirkungen sozioökonomischer Deprivation auf intergenerationale Bildungsvererbung. Kölner Zeitschrift für Soziologie und Sozialpsychologie 51: 55–79.

Becker, R.; Nietfeld, M. (2001): Familien in harten Zeiten des gesellschaftlichen Umbruchs in Ostdeutschland. Empirische Befunde zu Auswirkungen von Arbeitslosigkeit und ökonomischen Verlusten auf das Konfliktverhalten in Dresdner Familien. In: Huinink, J.; Strohmaier, K. P.; Wagner, M. (Hg.), Solidarität in Partnerschaft und Familie. Zum Stand familiensoziologischer Theoriebildung. Würzburg.

Berk, L. E. (2003): Child development. Boston.

Bodenmann, G.; Perrez, M.; Gottman, J. M. (1996): Die Bedeutung des intrapsychischen Copings für die dyadische Interaktion. Zeitschrift für Klinische Psychologie 25: 1–13.

Brähler, E. (1992): Gießener Beschwerdebogen für Kinder und Jugendliche (GBB-KJ). Handanweisung. Bern.

Braun, G.; Hünicke, W.; Regniet, M.; Schuster-Mehlich, G.; Sprink, E. (2002): Streitschlichtung durch Schülerinnen und Schüler. Schüler regeln untereinander gewaltfrei und selbstverantwortlich ihren Streit. PZ-Information 6/2002, Pädagogik. Bad Kreuznach.

Breidenbach, S. (1995): Mediation. Köln.

Brinkhoff, K.-P. (1998): Sport und Sozialisation im Jugendalter. Entwicklung, soziale Unterstützung und Gesundheit. Weinheim.

Büchner, P.; Koch, K. (2001): Von der Grundschule in die Sekundarstufe. Band 1: Der Übergang aus Kinder- und Elternsicht. Opladen.

Buddeberg-Fischer, B.; Klaghofer, R.; Leuthold, A.; Buddeberg, C. (2000): Unterrichtsklima und Symptombildung. Psychotherapie, Psychosomatik, Medizinische Psychologie 50: 222–229.

Buschmann, I.; Gamsjäger, E. (1999): Determinanten des Lehrer-Burnout. Psychologie in Erziehung und Unterricht 46: 281–292.

Caldarella, P.; Merell, K. W. (1997): Common dimensions of social skills of children and adolescents: A taxonomy of positive behaviours. School Psychology Review 26: 264–278.

Carter, B.; McGoldrick, M. (1989): Overview. The changing family life cycle: A framework for family therapy. In: Carter, B.; McGoldrick, M. (Hg.), The changing family life cycle. A framework for family therapy. Boston, S. 3–28.

Chaffin, M.; Wherry, J. N.; Dykman, R. (1997): School age children's coping with sexual abuse: Abuse stresses and symptoms associated with four coping strategies. Child Abuse and Neglect 21: 227–240.

Chan, D. W. (1998): Stress, coping strategies, and psychological distress among secondary school teachers in Hong Kong. American Educational Research Journal 35: 145–163.

Chelf, C.; Ellis, J. (2002): Young adults who were sexually abused: Demographics as predictors of their coping behaviors. Child Abuse and Neglect 26: 313–316.

Chen, C.; Rubin, K. H.; Li, D. (1997): Relation between academic achievement and social adjustment: Evidence from Chinese children. Developmental Psychology 33: 518–525.

Cierpka, M. (1999): Kinder mit aggressivem Verhalten. Ein Praxismanual für Schulen, Kindergärten und Beratungsstellen. Göttingen.

Cierpka, M. (2001): FAUSTLOS – Ein Curriculum zur Prävention von aggressivem und gewaltbereitem Verhalten bei Kindern der Klasse 1 bis 3. Göttingen.

Compas, B. E.; Connor-Smith, J. K.; Saltzman, H.; Thomsen, A. H.; Wadsworth, M. E. (2001): Coping with stress during childhood and adolescence: Problems, progress, and potential in theory and research. Psychological Bulletin 127: 87–127.

Compas, B. E.; Malcarne, V. L.; Fandacaro, K. M. (1988): Coping with stressful events in older children and young adolescents. Journal of Consulting and Clinical Psychology 56: 405–411.

Conger, R. D.; Conger, K.-J.; Elder, G. H., Jr.; Lorenz, F. O.; Simons, R. L.; Whitebeck, L. B. (1993): Family economic stress and adjustment of early adolescent girls. Developmental Psychology 29: 206–219.

Daniels, D.; Moos, R. H. (1990): Assessing life stressors and social resources among adolescence: Applications to depressed youth. Journal of Adolescence Research 5: 268–289.

Dettborn, H. (1992): Hang und Zwang zur sozialkognitiven Komplexitätsreduzierung: Ein Aspekt moralischer Urteilsprozesse bei Kindern und Jugendlichen. Antrittsvorlesung 14. Dezember 1992. Philosophische Fakultät: Humboldt-Universität zu Berlin.

Dick, D. M.; Rose, R. J.; Viken, R. J.; Kaprio, J. (2000): Pubertal timing and substance use: Associations between and within families across late adolescence. Developmental Psychology 36: 180–189.

Dodge, K. A.; Lansford, J. E.; Burks, V. S.; Bates, J. E.; Pettit, G. S.; Fontaine, R.; et al. (2003): Peer rejection and social information-processing factors in the development of aggressive behaviour problems in children. Child Development 74: 374–393.

Döpfner, M.; Plück, J.; Berner, W.; Englert, E.; Fegert, J. M.; Huss, M.; Lenz, K.; Schmeck, K.; Lehmkuhl, G.; Lehmkuhl, U.; Poustka, F. (1998): Psychische Auffälligkeiten und psychosoziale Kompetenzen von Kindern und Jugendlichen in neuen und alten Bundesländer – Ergebnisse einer bundesweiten repräsentativen Studie. Zeitschrift für Klinische Psychologie 27: 9–19.

Drapeau, S.; Samson, C.; Saint-Jacques, M.-C. (1999): The coping process among children of separated parents. Journal of Divorce & Remarriage 31: 15–37.

Duncan, G. J.; Brooks-Gunn, J. (1997): Consequences of growing up poor. New York.

Ebata, A. T.; Moos, R. H. (1994): Personal, situational and contextual correlates of coping in adolescence. Journal of Research in Adolescence 4: 99–125.

Egle, U. T.; Hoffmann, S. D. (1997): Psychosoziale Risiko- und Schutzfaktoren in Kindheit und Jugend als Prädisposition für psychische Störungen im Erwachsenenalter. Gegenwärtiger Stand der Forschung. Nervenarzt 68: 683–695.

Elben, C. E.; Lohaus, A.; Ball, J.; Klein-Heßling, J. (2003): Der Wechsel von der Grundschule zur weiterführenden Schule: Differentielle Effekte auf die psychische Anpassung. Psychologie in Erziehung und Unterricht 50: 331–341.

Engel, U.; Hurrelmann, K. (1989): Psychosoziale Belastung im Jugendalter. Empirische Befunde zum Einfluss von Familie, Schule und Gleichaltrigengruppe. Berlin.

Esser, G.; Ihle, W.; Schmidt, M. H.; Blanz, B. (2000): Der Verlauf psychischer Störungen vom Kindes- zum Erwachsenenalter. Zeitschrift für Kinder- und Jugendpsychiatrie und Psychotherapie 29: 276–283.

Evans, R. I. (1988). Prevention of smoking in adolescence: Conceptualization and intervention strategies of a prototypical research program. In: Maes, S.; Spielberger, C. D.; Defares, P. B.; Sarason, I. G. (Hg.), Topics in health psychology. Chichester, S. 107–125.

Eysenck, M. W.; Calvo, M. G. (1992): Anxiety and performance: The processing efficiency theory. Cognition and Emotion 6: 409–434.

Faller, K.; Kerntke, W.; Wackmann, M. (1996): Konflikte selber lösen. Das Streit-Schlichter-Programm. Ein Trainingsbuch für Mediation und Konfliktmanagement in Schule und Jugendarbeit. Mühlheim.

Felder, W. (1997): Wie gesund sind unsere Jugendlichen? In: Grob, A. (Hg.), Kinder und Jugendliche heute: belastet – überlastet? Zürich, S. 111–128.

Fend, H. (1990): Vom Kind zum Jugendlichen. Der Übergang und seine Risiken. Entwicklungspsychologie der Adoleszenz in der Moderne, Bd. 1. Bern.

Fend, H. (2001): Entwicklungspsychologie des Jugendalters. Opladen.

Flammer, A.; Alsaker, F. D. (2002): Entwicklungspsychologie der Adoleszenz. Die Erschließung innerer und äußerer Welten im Jugendalter. Bern.

Flammer, A.; Grob, A.; Alsaker, F. D. (1997): Belastung von Schülerinnen und Schülern: Das Zusammenwirken von Anforderungen, Ressourcen und Funktionsfähigkeit. In: Grob, A. (Hg.), Kinder und Jugendliche heute: belastet – überlastet? Beschreibung des Alltags von Schülerinnen und Schülern in der Schweiz und in Norwegen. Chur, S. 11–30.

Fombonne, E. (1998): Increased rates of psychosocial disorders in youth. European Archives of Psychiatry and Clinical Neurosciences 28: 14–21.

Forkel, I.; Silbereisen, R. K.; Wiesner, M. (2001): Elterliche ökonomische Belastungen und depressive Verstimmung bei Jugendlichen aus den alten und neuen Bundesländern. Zeitschrift für Entwicklungspsychologie und Pädagogische Psychologie 33: 221–229.

Franke, A.; Mohn, K.; Sitzler, F.; Welbrink, A.; Witte, M. (2001): Alkohol- und Medikamentenabhängigkeit bei Frauen. Weinheim.

Franz, M.; Lieberz, K.; Schmitz, N.; Schepank, H. (1999). Wenn der Vater fehlt. Epidemiologische Befunde zur Bedeutung früher Abwesenheit des Vaters für die psychische Gesundheit im späteren Leben. Zeitschrift Psychosomatik, Medizin und Psychotherapie 45 (3): 260–278.

Franz, M.; Lensche, H. (2003): Allein erziehend – allein gelassen? Die psychosoziale Beeinträchtigung allein erziehender Mütter und ihrer Kinder in einer Bevölkerungsstichprobe. Zeitschrift für Psychosomatische Medizin und Psychotherapie 49: 115–138.

Freudenberger, H. J. (1974): Staff burnout. Journal of Social Issues 30: 159–165.

Frey, C. U.; Röthlisberger, C. (1996): Social support in healthy adolescents. Journal of Youth and Adolescence 25: 17–31.

Friedel, A.; Dalbert, C. (2003): Belastung und Bewältigung bei Grundschullehrerinnen. Zeitschrift für Pädagogische Psychologie 17: 55–68.

Frydenberg, E.; Lewis, R. (1993): Boys play sport and girls turn to others: Age, gender and ethnicity as determinants of coping. Journal of Adolescence 16: 253–266.

Frydenberg, E. (Hg.) (1999): Learning to cope: Developing as a person in complex societies. London.

Frydenberg, E.; Brandon, C. M. (2002): The best of coping. Melbourne.

Frydenberg, E.; Lewis, R. (1991): Adolescent coping: The different ways in which boys and girls cope. Journal of Adolescence 14: 119–133.

Frydenberg, E.; Lewis, R.; Bulgalski, K.; Cotta, A.; McCarthy, C.; Luscombe-Smith, N.; Poole, C. (2004): Prevention is better than cure: Coping skills training for adolescents at school. Educational Psychology in Practice 20: 117–134.

Funk, W. (1995): Nürnberger Schüler-Studie 1994: Gewalt an Schulen. Regensburg.

Gamsjäger, E.; Sauer, J. (1996): Burnout bei Lehrern: Eine empirische Untersuchung bei Hauptschullehrern in Österreich. Psychologie in Erziehung und Unterricht 43: 40–56.

Gasteiger Klicpera, B. (2002): Konfliktmediation in der Grundschule – eine Pilotuntersuchung. Heilpädagogische Forschung 28: 80–89.

Ge, X. J.; Conger, R. D.; Lorenz, F. O.; Elder, G. H.; Montague, R. B.; Simons, R. L. (1992): Linking family economic hardship to adolescent distress. Journal of Research on Adolescence 2: 351–378.

Gerwing, C. (1994): Stress in der Schule – Belastungswahrnehmung von Lehrerinnen und Lehrern. Zeitschrift für Pädagogische Psychologie 8 (1): 41–53.

Gibson, J. T.; Baker, C. E.; Showalter, S. M.; Al-Sarraf, Q. et al. (1992): Gender and culture: Reported problems, coping strategies and selected helpers of male and female adolescents in 17 countries. International Journal for the Advancement of Counselling 15: 137–149.

Gibson-Cline, J. (1996): Adolescence: From crisis to coping. A thirteen nation study. Oxford.

Goetze, H.; Julius, H. (2001). Psychische Auffälligkeiten von Kindern in den neuen Bundesländern am Beispiel der Ueckermark. Heilpädagogische Forschung 27: 15–22.

Göttle, R. (2004): Bewältigung von Stress in der Familie: Ergebnisse einer Copingprozess-Analyse von Jugendlichen. Diplomarbeit: Universität Mainz.

Gore, S.; Aseltine, R. H. (1995): Protective processes in adolescence: Matching stressors with social resources. American Journal of Community Psychology 23: 301–327.

Govaerts, S.; Grégoire, J. (2004): Stressful academic situations: Study on appraisal variables in adolescence. Revue européenne de psychologie appliquée 54: 261–271.

Groen, G.; Petermann, F. (2002): Depressive Kinder und Jugendliche. Göttingen.

Groen, G.; Pössel, P.; Al-Wiswasi, S.; Petermann, F. (2003): Universelle, schulbasierte Prävention der Depression im Jugendalter: Ergebnisse einer Follow-Up-Studie. Kindheit und Entwicklung 12: 164–174.

Guglielmi, R. S.; Tatrow, K. (1998): Occupational stress, burnout, and health in teachers. A methodological and theoretical analysis. Review of Educational Research 6: 61–99.

Hagedorn, O. (1996): Konfliktlotsen. Lehrer und Schüler lernen die Vermittlung im Konflikt. Fächerverbindendes Unterrichtsmaterial. Leipzig.

Hampel, P.; Petermann, F. (1998): Anti-Stress-Training für Kinder. Weinheim.

Haubner, W.; Uhle, R. (2003): Schulverweigerung: Maßnahmen und Handlungserfordernisse beim Zusammenspiel von Psychotherapie und Schulberatung. Verhaltenstherapie und Psychosoziale Praxis 35 (3): 567–580.

Hauk-Thorn, D. (2001): Streitschlichtung in Schule und Jugendarbeit: Das Trainingshandbuch für Mediationsausbildung. Mainz.

Hautzinger, M.; Bailer, M. (1993): Allgemeine Depressions-Skala. Weinheim.

Havighurst, R. J. (1953): Developmental task and education. New York.

Heintze, I. (2004): Der Einfluss der Arbeitslosigkeit und der sozialökologischen Kontext auf die Bildungschancen von Kindern in Ostdeutschland. Kölner Zeitschrift für Soziologie und Sozialpsychologie 56: 232–256.

Hill, J. P.; Holmbeck, G. N. (1987): Familial adaptation to biological change during adolescence. In: Lerner, R. M.; Foch, T. T. (Hg.), Biological-psychosocial interactions in early adolescence: A life-span perspective. Hillsdale, NJ, S. 207–223.

Hillert, A.; Maasche, B.; Kretschmer, A.; Ehrig, C.; Schmitz, E.; Fichter, M. (1999): Psychosomatische Erkrankungen bei LehrerInnen: Sozialer Kontext, Inhalte und Perspektiven stationärer Behandlungen im Hinblick auf die Wiederherstellung der Arbeitsfähigkeit. Psychotherapie Psychosomatik Medizinische Psychologie 49: 375–380.

Hoepner-Stamos, F.; Hurrelmann, K. (1999). Kindliche Lebenswelten: Familie, Schule und Freizeit. In M. Borg-Laufs (Hrsg.), Lehrbuch der Verhaltenstherapie mit Kindern und Jugendlichen. Band 1: Grundlagen. Tübingen, S. 205–224.

Hogan, D. P.; Msall, M. E.; Rogers, M. L.; Avery, R. C. (1997). Improved disability population estimates of functional limitation among American children aged 5–17. Maternal Child Health Journal 1: 203–216.

Holler, B.; Hurrelmann, K. (1990): Gesundheitliche Beschwerden und soziales Netzwerk bei Jugendlichen. In: Seiffge-Krenke, I. (Hg.), Krankheitsverarbeitung bei Kindern und Jugendlichen. Berlin, S. 59–79.

Holler-Nowitzki, B. (1994): Psychosomatische Beschwerden im Jugendalter. Weinheim.

Howard, M. S.; Medway, F. J. (2004): Adolescents' attachment and coping with stress. Psychology in the Schools 41 (3): 391–402.

Hübner, P.; Werle, M. (1997): Arbeitszeiten und Arbeitsbelastung Berliner Lehrerinnen und Lehrer. In: Buchen, S.; Carle, U.; Döbrich, P.; Hoyer, H. D.; Schönwälder, H. G. (Hg.), Handbuch für Lehrerforschung 1. Weinheim, S. 203–226.

Ickes, W.; Simpson, J. A. (1997): Managing empathic accuracy in close relationships. In: Ickes, W. (Hg.), Empathic accuracy. New York, S. 218–250.

Ihle, W.; Esser, G.; Schmidt, M. H. (2003): Rechtsextreme Einstellungen und Gewaltbereitschaft im frühen Erwachsenenalter: Prävalenz, Korrelate, soziale, umwelt- und personenbezogene Risikofaktoren. In: Lehmkuhl, U. (Hg.), Aggressives Verhalten bei Kindern und Jugendlichen. Ursachen, Prävention, Behandlung. Göttingen, S. 131–149.

Jeck, S. (2003): Mehrdimensionale Beratung und Intervention bei Angstproblemen in der Schule. Praxis der Kinderpsychologie und Kinderpsychiatrie 52: 387–408.

Jefferys, K.; Noack, U. (1998): Streiten – Vermitteln – Lösen. Das Schüler-Streit-Schlichter-Programm. Lichtenau.

Jefferys-Duden, K. (2000): Konfliktlösung und Streitschlichtung: Das Sekundarstufen-Programm. Weinheim.

Jefferys-Duden, K. (2002): Das Streitschlichter-Programm. Mediatorenausbildung für Schülerinnen und Schüler der Klassen 3 bis 6. Weinheim.

Jeney-Gammon, P.; Daugherty, T. K.; Finch, A. J., Jr.; Belter, R. W.; Foster, K. Y. (1993): Children's coping styles and report of depressive symptoms following a natural disaster. The Journal of Genetic Psychology: Child Behavior, Animal Behavior, and Comparative Psychology 154: 259–267.

Jehle, P.; Nord-Rüdiger, D. (1991): FLASH: Frankfurter Lehrer-Angst-Selbst-Hilfe: Programm zur Bearbeitung sozial-emotionaler Belastungen von Lehrern im Unterricht: Wege zur Selbsthilfe in Gruppen. Frankfurt a. M.: Deutsches Institut für internationale pädagogische Forschung.

Jerusalem, M. (1992): Akkulturationsstress und psychosoziale Befindlichkeit jugendlicher Ausländer. Report Psychologie 2: 16–25.

Jerusalem, M.; Klein-Heßling, J. (2002): Soziale Kompetenz: Entwicklungstrends und Förderung in der Schule. Zeitschrift für Psychologie 113: 164–174.

Jerusalem, M.; Schwarzer, R. (1989). Selbstkonzept und Ängstlichkeit als Einflussgrößen für Stresserleben und Bewältigungstendenzen. Zeitschrift für Entwicklungspsychologie und Pädagogische Psychologie 21 (4): 307–324.

Johnson, D. W.; Johnson, R. T. (1996): Conflict resolution and peer mediation programs in elementary and secondary schools: A review of the research. Review of Educational Research 66: 459–506.

Jose, P.; D'Anna, C.; Cafasso, L.; Bryant, F.; Chiker, V.; Gein, N.; Zhermer, N. (1998): Stress and coping among Russian and American early adolescents. Developmental Psychology 34: 757–769.

Kagitcibasi, C. (1990): Family and socialization in cross-cultural perspective: A model of change. In: Berman, J. J. (Hg.), Nebraska Symposium on Motivation, 1989: Cross-cultural perspectives. Lincoln, S. 135–200.

Kavale, K. A.; Forness, S. R. (1995): Social skill deficits and training: A meta-analysis of the research in learning disabilities. In: Scruggs, T. E.; Mastropiere, M. A. (Hg.), Advances in learning and behavioural disabilities, Vol. 9. Greenwich, S. 345–356.

Kerr, M.; Stattin, H. (2000): What parent know, how they know it, and several forms of adolescent adjustment: Further support for a reinterpretation of monitoring. Development Psychology 36: 366–380.

Kirchheim, C. (2005): Gewaltprävention in Schulen. In: Seiffge-Krenke, I. (Hg.), Aggressionsentwicklung zwischen Normalität und Pathologie. Göttingen, S. 309–344.

Kittel, F.; Leynen, F. (2003): A study of work stressors and wellness/health outcomes among Belgian school teachers. Psychology and Health 18 (4): 501–510.

Klein-Heßling, J.; Lohaus, A. (2000): Stresspräventionstraining für Kinder im Grundschulalter. Göttingen.

König, S.; Dalbert, C. (2004): Ungewissheitstoleranz, Belastung und Befinden bei BerufsschullehrerInnen. Zeitschrift für Entwicklungspsychologie und Pädagogische Psychologie 36: 190–199.

Köttl, K.; Sauer, J. (1980): Der Einfluss des sozialen Klimas von Schulklassen auf das Lehrerverhalten. Psychologie in Erziehung und Unterricht 27: 267–277.

Kouzma, N. M.; Kennedy, G. A. (2004): Self-reported sources of stress in senior high school students. Psychological Reports 94: 314–316.

Kovacs, M. (1997): Depressive disorders in childhood: An impressionistic landscape. Journal of Child Psychology and Psychiatry 38: 287–298.

Kramis-Aebischer, K. (1995): Stress, Belastungen und Belastungsverarbeitung im Lehrerberuf. Frankfurt/M.: Deutsches Institut für Internationale Pädagogische Forschung.

Krause, A. (2003): Bedingungsbezogene Analyse psychischer Belastungen von Lehrerinnen und Lehrern – Zur Validität eines neuen Untersuchungskonzepts. Wirtschaftspsychologie 5: 132–134.

Krause, A. (2004): Erhebung aufgabenbezogener psychischer Belastungen im Unterricht – ein Untersuchungskonzept. Zeitschrift für Arbeits- und Organisationspsychologie 48: 139–147.

Kretschmann, R. (1997): Zur Vorbeugung beruflicher Überbeanspruchung: Ein Trainingsprogramm für Lehrerinnen und Lehrer. In: Buchen, S.; Carle, U.; Döbrich, P.; Hoyer, H. D.; Schönwälder, H. G. (Hg.), Handbuch für Lehrerforschung 1. Weinheim, S. 325–360.

Kretschmann, R. (2001): Stressmanagement für Lehrerinnen und Lehrer. Weinheim.

Kuschel, A.; Miller, Y.; Köppe, E.; Lübke, A.; Hahlweg, K.; Sanders, M. (2000): Prävention von oppositionellen und aggressiven Verhaltensstörungen bei Kindern: Triple-P – ein Programm zu einer positiven Erziehung. Kindheit und Entwicklung 9: 20–29.

Lazarus, R. S. (1991): Emotion and adaptation. New York.

Lazarus, R. S.; Folkman, S. (1984): Stress, appraisal and coping. New York.

Lehmkuhl, G.; Adam, C.; Döpfner, M. (1998): Impulskontrollgestörte Kinder und ihre weitere Entwicklung. In: Klosterkötter, J. (Hg.), Frühdiagnostik und Frühbehandlung psychischer Störungen. Berlin, S. 97–121.

Lerner, R. M. (2003): Adolescence. Boston.

Lerner, R. M.; Castellino, D. (2002): Contemporary developmental theory and adolescence: Developmental systems and applied developmental science. Journal of Adolescent Health 31: 122–135.

Lewis, R. (1999): Teachers coping with the stress of classroom discipline. Social Psychology of Education 3: 155–171.

Liermann, H. (2003): Schulpsychologische Beratung. Praxis der Kinderpsychologie und Kinderpsychiatrie 52: 266–278.

Liker, J. K.; Elder, G. H. Jr. (1983): Economic hardship and marital relations in the 1930s. American Sociological Review 48: 343–359.

Lohaus, A.; Klein-Heßling, J. (2001): Stresserleben und Stressbewältigung im Kindesalter: Befunde, Diagnostik und Intervention. Kindheit und Entwicklung 10: 148–160.

Lösel, F.; Bliesener, T. (1998): Zum Einfluss des Familienklimas und der Gleichaltrigengruppe auf den Zusammenhang zwischen Substanzmissbrauch und antisozialem Verhalten von Jugendlichen. Kindheit und Entwicklung 7: 208–220.

Lowenstein, L.-F. (1991): Teacher stress leading to burnout. Its' prevention and cure. Education Today 41: 12–16.

Maier, M. A.; Pekrun, R. (2001): Leistungsstress bei Jugendlichen. Kindheit und Entwicklung 10: 161–171.

Mansel, J.; Hurrelmann, K. (1994): Alltagsstress bei Jugendlichen. Weinheim.

Martin, R.; Steffgen, G. (2002): Zum Einfluss der Berufswahlmotive auf die Berufszufriedenheit von Grundschullehrern. Psychologie in Erziehung und Unterricht 49: 241–249.

Masten, A. S.; Best, K. M.; Garmezy, N. (1990): Resilience and development: Contributions from the study of children who overcome adversity. Development and Psychopathology 2: 425–444.

Matsushima, R.; Shiomi, K. (2003): Social self-efficacy and interpersonal stress in adolescence. Social Behavior and Personality 31 (4): 323–332.

Mayer, K.-U.; Solga, H.; Diewald, M. (1997): Kontinuitäten und Brüche in den Erwerbs- und Berufsverläufen nach der deutschen Vereinigung. In: Beer, D. et al. (Hg.), Der ostdeutsche Arbeitsmarkt in Gesamtdeutschland: Angleichung oder Auseinanderdriften? Opladen, S. 73–113.

Mayr, T. (1997): Pädagogisch-Psychologischer Dienst im Kindergarten – Ergebnisse einer Gruppenleiterinnenbefragung (unveröffentliches Arbeitspapier). München: Staatsinstitut für Frühpädagogik.

McLanahan, S. (1999): Father absence and the welfare of children. In: Hetherington, E. H. (Hg.), Coping with divorce, single parenting, and remarriage: A risk and resiliency perspectives. New Jersey, S. 117–145.

Meckelmann, V. (2004): Schulwechsel als kritisches Lebensereignis und die Entwicklung des Selbstkonzeptes bei Jugendlichen. Psychologie in Erziehung und Unterricht 51: 273–284.

Meeus, W. (1989): Psychosocial problems and social support in adolescence. In: Hurrelmann, K.; Nestmann, F. (Hg.), Social networks and social support in childhood and adolescence. New York, S. 241–255.

Meyer, I.; van Dick, R. (2002): Arbeitszeit und Zeitmanagement im Lehrerberuf: Eine empirische Analyse und Konzeption einer Trainingseinheit zur Optimierung von Zeitmanagement. Psychologie in Erziehung und Unterricht 49: 263–272.

Miller, Y.; Hahlweg, K. (2001): Prävention von emotionalen Störungen und Verhaltensauffälligkeiten bei Kindern. In: Schlippe, A. von; Lösche,G.; Hawellek, C. (Hg.), Frühkindliche Lebenswelten und Erziehungsberatung. Die Chancen des Anfangs. Münster, S. 243–253.

Mittag, W.; Jerusalem, M. (2000): Prävention von Alkohol- und Medikamentenkonsum in der Schule. In: Leppin, A.; Hurrelmann, K.; Petermann, F. (Hg.), Jugendliche und Alltagsdrogen. Konsum und Perspektiven der Prävention. Neuwied, S. 162–195.

Moffitt, T. E. (1993): Adolescence-limited and life-course-persistent antisocial behavior: A developmental taxonomy. Psychological Review 100: 674–701.

Moffitt, T. E. (1996): Measuring children's antisocial behaviors. Journal of the American Medical Association 275: 403–404.

Mohr, A. (1999): Das Erleben von Gewalt und Aggression in der Schule – ein Ansatzpunkt für die schulische Gesundheitsförderung. Zeitschrift für Gesundheitspsychologie 7: 203–212.

Montemayor, R. (1983): Parents and adolescents in conflict: All families

some of the time and some families most of the time. Journal of Early Adolescence 3: 83–103.
Murberg, T. A.; Bru, E. (2004): School-related stress and psychosomatic symptoms among Norwegian adolescents. School Psychology International 25: 317–332.
Narring, F.; Tschumper, A.; Inderwildi Bonivento, L.; Jeannin, A.; Addor, V.; Bütikofer, A.; Suris, J.-C.; Diserens, C.; Alsaker, F.; Michaud, P.-A. (2004): Gesundheit und Lebensstil 16- bis 20-Jähriger in der Schweiz (2002). SMASH 2002: Swiss multicenter adolescent survey on health 2002. Lausanne: Institut universitaire de médecine sociale et préventive.
Neuenschwander, M. P. (2003): Belastungen und Ressourcen bei Burnout von Lehrkräften der Sekundarstufe I und II. Psychologie in Erziehung und Unterricht 50: 210–219.
Nietfeld, M.; Becker, R. (1999): Harte Zeiten für Familien. Theoretische Überlegungen und empirische Analysen zu Auswirkungen von Arbeitslosigkeit und sozioökonomischer Deprivation auf die Qualität familiärer Beziehungen Dresdner Familien. Zeitschrift für Soziologie der Erziehung und Sozialisation 19: 369–387.
Noack, P.; Kracke, B. (1997): Social change and adolescent well-being: Healthy country, healthy teens. In: Schulenberg, J.; Maggs, J. L.; Hurrelmann, K. (Hg.), Health risks and developmental transitions during adolescence. Cambridge, S. 54–84.
Nordmann, M. (2002): Streitschlichtung im System Schule vernetzen. Vortrag auf der 15. Bundeskonferenz für Schulpsychologie, 23.–27. September 2002 in Mainz.
Noschka, C. (2004): Relationale Aggression im Beziehungskontext. Diplomarbeit: Universität Mainz.
Nummer, G.; Seiffge-Krenke, I. (2001): Können Unterschiede in Stresswahrnehmung und -bewältigung Geschlechtsunterschiede in der depressiven Symptombelastung bei Jugendlichen erklären? Zeitschrift für Kinder- und Jugendpsychiatrie und Psychotherapie 29: 89–97.
OECD (2001): Knowledge and skills for life. First results from PISA 2000. Paris: OECD.
Oelsner, W.; Lehmkuhl, G. (2002): Schulangst: Ein Ratgeber für Eltern und Lehrer. Düsseldorf.
Oerter, R.; Dreher, E. (2002): Jugendalter. In: Oerter, R.; Montada, L. (Hg.), Entwicklungspsychologie. Weinheim, S. 258–318.
Oesterreich, D. (1987): Die Berufswahlentscheidung von jungen Lehrern. Stuttgart.
Offord, D. R.; Boyle, M. H.; Racine, Y. A.; Fleming, J. F.; Cadman, D. T.; Blum, H. M.; Byrne, C.; Links, P. S.; Lipman, E. L.; MacMillan, H. L.; Grant, N. I. R.; Sanford, M. N.; Szatmari, P.; Thomas, H.; Woodward, C. (1992): Outcome prognosis and risk in a longitudinal follow-up study.

Journal of the American Academy of Child and Adolescent Psychiatry 31: 916–923.
Olafsen, R. N.; Viemerö, V. (2000): Bully/victim problems and coping with stress in school among 10- to 12-year-old pupils in Åland, Finland. Aggressive Behavior 26: 57–65.
Olah, A. (1995): Coping strategies among adolescents. Journal of Adolescence 18: 491–512.
Palentien, C.; Klocke, A.; Hurrelmann, K. (1999): Armut im Kindes- und Jugendalter. Aus Politik und Zeitgeschichte 18: 33–38.
Pascual, E.; Perez-Jover, V.; Mirambell, E.; Ivañez, G.; Terol, M. C. (2003): Job conditions, coping and wellness/health outcomes in Spanish secondary school teachers. Psychology and Health 18: 511–521.
Patterson, J. M.; McCubbin, H. I. (1987): Adolescent coping style and behaviors: Conceptualization and measurement. Journal of Adolescence 10: 163–186.
Peitz, G. (2004): Wenn bei Kindern Verhaltensauffälligkeiten diagnostiziert werden: Risiken für die Erziehungspartnerschaft von Familie und Kindergarten. Psychologie in Erziehung und Unterricht 51: 258–272.
Penley, J. A.; Tomaka, J.; Wiebe, J. S. (2002): The association of coping to physical and psychological health outcomes: A meta-analytic review. Journal of Behavioral Medicine 25 (6): 551–603.
Perrez, M.; Reichert, M. (1992): Stress, coping and health. A situation-behavior approach. Theory, methods, applications. Toronto.
Perrez, M.; Berger, R.; Wilhelm, P. (1998): Die Erfassung von Belastungserleben und Belastungsverarbeitung in der Familie: Self-Monitoring als neuer Ansatz. Psychologie in Erziehung und Unterricht 45: 19–35.
Petermann, F.; Jugert, G.; Tänzer, U.; Verbeek, D. (1997): Sozialtraining in der Schule. Weinheim.
Petersen, A. C. (1993): Presidential Address: Creating adolescents: The role of context and process in developmental trajectories. Journal of Research on Adolescence 3: 1–18.
Petillon, H. (1993): Das Sozialleben des Schulanfängers. Die Schule aus der Sicht des Kindes. Weinheim.
Pfeiffer, C. (1997): Jugendkriminalität und Jugendgewalt in europäischen Ländern. KFN-Forschungsbericht 69. Kriminologisches Forschungsinstitut Niedersachsen, Hannover.
Phelps, S. B.; Jarvis, P. A. (1994): Coping in adolescence: Empirical evidence for a theoretically based approach to assessing coping. Journal of Youth and Adolescence 23: 359–371.
Piaget, J. (1969): Das Erwachen der Intelligenz beim Kinde. München.
Pikowsky, B.; Hofer, M. (1992): Die Familie mit Jugendlichen. Ein Übergang für Eltern und Kinder. In: Hofer, M.; Klein-Allermann, E.; Noack, P.

(Hg.), Familienbeziehungen. Eltern und Kinder in der Entwicklung. Ein Lehrbuch. Göttingen, S. 194–216.

Pincus, D. B.; Friedman, A. G. (2004): Improving children's coping with everyday stress: Transporting treatment interventions to the school setting. Clinical Child and Family Psychology Review 7: 223–240.

PISA-Konsortium Deutschland (2004): PISA 2003: Internationaler Vergleich von Schülerleistungen. Graz.

Pisanti, R.; Gagliardi, M. P.; Razzino, S.; Bertini, M. (2003): Occupational stress and wellness among Italian secondary school teachers. Psychology and Health 18: 523–536.

Plancherel, B.; Bolognini, M. (1995): Coping and mental health in early adolescence. Journal of Adolescence 18: 459–474.

Rask, K. (2002): Adolescent coping with grief after the death of a loved one. International Journal of Nursing Practice 8: 137–142.

Repetti, R. L.; McGrath, E. P.; Ishikawa, S. S. (1998): Daily stress and coping in childhood and adolescence. In: Goreczny, A.; Hersen, M. (Hg.), Handbook of pediatric and adolescent health psychology. Boston, MA, S. 343–360.

Ringbäck Weitoft, G.; Haglund, B.; Rosen, M. (2000): Mortality among lone mothers in Sweden: A population study. Lancet 355: 1215–1219.

Rivers, I. (2004): Recollections of bullying at school and their long-term implications for lesbians, gay men, and bisexuals. Crisis 25: 169–175.

Rolff, H. G.; Bos, W.; Klemm, K.; Pfeiffer, H., Schulz-Zander, R. (2000). IFS-Umfrage: Die Schule im Spiegel der öffentlichen Meinung. Ergebnisse der elften IFS-Repräsentativbefragung der bundesdeutschen Bevölkerung. In: Rolff, H. G.; Bos, W.; Klemm, K.; Pfeiffer, H.; Schulz-Zander, R. (Hg.), Jahrbuch der Schulentwicklung. Bd. 11: Daten, Beispiele und Perspektiven. Weinheim, S. 13–50.

Romero, A. J.; Roberts, R. E. (2003): Stress within a bicultural context for adolescents of Mexican descent. Cultural Diversity and Ethnic Minority Psychology 9: 171–184.

Rostampour, P.; Melzer, W. (1997): Täter-Opfer-Typologien im schulischen Gewaltkontext. In: Holtappels, H. G.; Heitmeyer, W.; Melzer, W.; Tillmann, K.-J. (Hg.), Forschung über Gewalt an Schulen. Weinheim, S. 169–189.

Roth, M. (2000): Körperliche Beschwerden als Indikator für psychische Auffälligkeiten bei 12–16jährigen Schülerinnen und Schülern der Sekundarstufe I. Psychologie in Erziehung und Unterricht 47: 18–28.

Rudow, B. (1996): Die Arbeit des Lehrers: Zur Psychologie der Lehrertätigkeit, Lehrerbelastung und Lehrergesundheit. Bern.

Rutter, M.; Smith, D. J. (1995): Psychological disorders in young people: Time trends and their causes. Chichester.

Saarni, C. (1997): Coping with aversive feelings. Motivation and Emotion 21: 45–63.
Salm, E. (1997). Einstellung und Verhalten im Zusammenhang mit der Fortbildungsverpflichtung. Bericht 1/97, Amt für Bildungsforschung der Erziehungsdirektion des Kantons Bern.
Sandler, I. N.; Wolchik, S. A.; McKinnon, D.; Ayers, T. S.; Roosa, M. W. (1997): Developing linkages between theory and intervention in stress and coping processes. In: Wolchik, S. A.; Sandler, I. N. (Hg.), Handbook of children's coping: Linking theory and intervention. New York, S. 3–40.
Sann, U. (2001): Job conditions and wellness of German secondary school teachers. Psychology and Health 18: 489–500.
Satow, L. (1999): Zur Bedeutung der Unterrichtsklimas für die Entwicklung schulbezogener Selbstwirksamkeitserwartungen: Eine Mehrebenenanalyse mit latenten Variablen. Zeitschrift für Entwicklungspsychologie und Pädagogische Psychologie 31: 171–179.
Schaarschmidt, U.; Fischer, A. (1998): Diagnostik interindividueller Unterschiede in der psychischen Gesundheit von Lehrerinnen und Lehrern zum Zwecke einer differentiellen Gesundheitsförderung. In: Bamberg, E.; Ducki, A.; Metz, A. M. (Hg.), Handbuch betrieblicher Gesundheitsförderung. Göttingen, S. 375–394.
Schaarschmidt, U.; Kieschke, U., Fischer, A. (1999): Beanspruchungsmuster im Lehrerberuf. Psychologie in Erziehung und Unterricht 46: 244–268.
Schick, A.; Ott, I. (2002): Gewaltprävention an Schulen – Ansätze und Ergebnisse. Praxis der Kinderpsychologie und Kinderpsychiatrie 51: 766–791.
Schmidt-Denter, U.; Beelman, W. (1997): Kindliche Symptombelastung in der Zeit nach einer ehelichen Trennung. Eine differentielle und längsschnittliche Betrachtung. Zeitschrift für Entwicklungspsychologie und Pädagogische Psychologie 29: 26–42.
Schmitz, E. (1998): Brennt wirklich aus, wer entflammt war? Eine LISREL-Analyse zum Burnout-Prozess bei Sozialberufen. Psychologie in Erziehung und Unterricht 45: 129–142.
Schmitz, G. S. (2000): Zur Struktur und Dynamik der Selbstwirksamkeitserwartung von Lehrern. Ein protektiver Faktor gegen Belastung und Burnout? Digitale Dissertation. Verfügbar unter: http://www.diss.fu-berlin.de/2000/29/index.html [3.11.2001].
Schmitz, G. S. (2001): Kann Selbstwirksamkeitserwartung Lehrer vor Burnout schützen? Psychologie in Erziehung und Unterricht 48: 49–67.
Schneewind, K. A. (1995): Familienentwicklung. In: Oerter, R.; Montada, L. (Hg.), Entwicklungspsychologie. Ein Lehrbuch. Weinheim, S. 128–166.
Schönpflug, U.; Jansen, X. (1995). Self-concept and coping with develop-

mental demands in German and Polish adolescents. International Journal of Behavioural Development 18: 385–405.

Schricker, G. (1998): Wie Lehrkräfte ihre Berufsbelastungen meistern. Verfügbar unter: http://vlb-bayern.de/ak980205.htm [23.11.2000].

Schwarz, B.; Gödde, M. (1999): Depressivität von Müttern aus Trennungsfamilien: Welche Rolle können eine neue Partnerschaft und soziale Unterstützung spielen? In: Sander, E. (Hg.), Trennung und Scheidung. Die Perspektive betroffener Eltern. Weinheim, S. 75–93.

Schwind, H.-D.; Baumann, J. et al. (1990): Ursachen, Prävention und Kontrolle von Gewalt. Analysen und Vorschläge der Unabhängigen Regierungskommission zur Verhinderung und Bekämpfung von Gewalt (Gewaltkommission), Bd. 1. Berlin.

Seiffge-Krenke, I. (1989): Bewältigung alltäglicher Problemsituationen: Ein Coping-Fragebogen für Jugendliche. Zeitschrift für Differentielle und Diagnostische Psychologie 10: 201–220.

Seiffge-Krenke, I. (1995): Stress, coping, and relationships in adolescence. Mahwah.

Seiffge-Krenke, I. (1997): Wie verändern sich die familiären Beziehungen im Jugendalter? Diskrepanzen in der Einschätzung von Jugendlichen und ihren Eltern. Zeitschrift für Entwicklungspsychologie und Pädagogische Psychologie 29: 133–150.

Seiffge-Krenke, I. (1998): Adolescents' health: A developmental perspective. Mahwah.

Seiffge-Krenke, I. (1999): Families with daughters, families with sons: Different challenges for family relationships and marital satisfaction? Journal of Youth and Adolescence 28: 325–342.

Seiffge-Krenke, I. (2000): »Annäherer« und »Vermeider«: Die langfristigen Auswirkungen bestimmter Coping-Stile auf depressive Symptome. Zeitschrift für Medizinische Psychologie 9: 53–61.

Seiffge-Krenke, I. (2001): Väter und Söhne, Väter und Töchter. Forum der Psychoanalyse 17: 51–63.

Seiffge-Krenke, I. (2002): Emotionale Kompetenz im Jugendalter: Ressourcen und Gefährdungen. In: Salisch, M. von (Hg.), Emotionale Kompetenz entwickeln. Grundlagen in Kindheit und Jugend. Stuttgart, S. 51–72.

Seiffge-Krenke, I. (2004): Adoleszenzentwicklung und Bindung. In: Streeck-Fischer, A. (Hg.), Adoleszenz – Bindung – Destruktivität. Stuttgart, S. 156–175.

Seiffge-Krenke, I. (Hg.) (2005): Aggressionsentwicklung zwischen Normalität und Pathologie. Göttingen.

Seiffge-Krenke, I. (2006a): Coping with relationship stressors: The impact of different working models of attachment and links to adaptation. Journal of Youth and Adolescence 35: 24–40.

Seiffge-Krenke, I. (2006b): Parent-child relationships and psychological health as predictors of different leaving home patterns. Developmental Psychology (im Druck).
Seiffge-Krenke, I.; S. Shulman (1990): Coping style in adolescence: A cross-cultural study. Journal of Cross-Cultural Psychology 21: 351–377.
Seiffge-Krenke, I.; Stemmler, M. (2002): Factors contributing to gender differences in depressive symptoms: A test of three developmental models. Journal of Youth and Adolescence 31: 405–417.
Seiffge-Krenke, I.; Lipp, O. Brath, K. (1989): Persönlichkeitsstruktur und Bewältigungsverhalten bei Jugendlichen. Zeitschrift für Klinische Psychologie 18: 332–349.
Seiffge-Krenke, I.; Weidemann, S.; Fentner, S.; Aegenheister, N.; Poeblau, M. (2001): Coping with school-related stress and family stress in healthy and clinically referred adolescents. European Psychologist 6: 123–132.
Seiffge-Krenke, I.; Beyers, W. (2005): The impact of different internal working models of attachment on level and change in coping style. Journal of Research on Adolescence 15: 561–582.
Seiffge-Krenke, I.; Roth, M.; Skaletz, C. (2006): Unterscheidet sich die Stressbewältigung bei west- und ostdeutschen Jugendlichen im Zeitraum von 1994 bis 2005? Unveröffentlichter Bericht. Mainz/Leipzig.
Sharp, S. (1995): How much does bullying hurt? The effects of bullying on the personal well being and educational progress of secondary aged students. Educational and Child Psychology 12: 91–88.
Shek, D. T. L. (2004): Psychological well-being, school adjustment, and problem behavior among Chinese adolescent boys from poor families: Does family functioning matter? In: Way, N.; Chu, J. Y. (Hg.), Adolescent boys: Exploring diverse cultures of boyhood. New York, S. 129–143.
Sieland, B.; Tacke, M. (2000): Abschlussbericht zum Forschungsprojekt »Ansätze zur Förderung der Gesundheit und Leistungsfähigkeit dienstälterer Lehrkräfte in Niedersachsen«. Institut für Psychologie der Universität Lüneburg.
Silbereisen, R. K.; Walper, S. (1989): Arbeitslosigkeit und Familie. In: Nave-Herz, R.; Markefka, M. (Hg.), Handbuch für Familien- und Jugendforschung. Neuwied, S. 535–557.
Silbereisen, R. K.; Walper, S.; Albrecht, H. T. (1990). Families experiencing income loss and economic hardship: Antecedents of adolescents' problem behavior. In: McLoyd, V.; Flanagan, C. (Hg.), Risk and protective factors in children and adolescents' response to economic crises and deprivation. New Directions in Child Development«. San Francisco, S. 27–47.
Simmons, R. (2002): Odd girl out: The hidden culture of aggression in girls. New York.
Simon, A. E.; Wardle, J.; Jharvis, M. J.; Steggles, N.; Cartwright, M. (2003):

Examining the relationship between pubertal stage adolescent health behaviours and stress. Psychological Medicine 33: 1369–1379.
Sinha, B.; Wilson, L.; Watson, D. (2000): Stress and coping among students in India and Canada. Canadian Journal of Behavioural Science 32: 218–225.
Sirsch, U. (2000): Probleme beim Schulwechsel. Die subjektive Bedeutung des bevorstehenden Wechsels von der Grundschule in die weiterführende Schule. Münster.
Smetana, J. G.; Yau, J.; Hanson, S. (1991): Conflict resolution in families with adolescents. Journal of Research on Adolescence 1: 189–206.
So-Kum Tang, C.; Au, W.-T.; Schwarzer, R.; Schmitz, G. (2001): Mental health outcomes of job stress among Chinese teachers: Role of stress resource factors and burnout. Journal of Organizational Behavior 22: 887–901.
Spangenberg, H.; Weishaupt, H. (1999): Der Übergang auf weiterführende Schulen in ausgewählten Ländern der Bundesrepublik Deutschland. In: Weishaupt, H. (Hg.), Zum Übergang auf weiterführende Schulen. Erfurt: Pädagogische Hochschule, S. 7–11.
Spangler, G. (1997): Psychological and physiological responses during an exam and their relation to personality characteristics. Psychoneuroendocrinology 22: 423–441.
Spangler, G. (1999): Frühkindliche Bindungserfahrungen und Emotionsregulation. In: Friedlmeier, W.; Holodynski, M. (Hg.), Emotionale Entwicklung. Funktion, Regulation und soziokultureller Kontext von Emotionen. Heidelberg, S. 176–196.
Spangler, G.; Langenfelder, A. (2001): Prüfungsangst und physiologische Reaktionen von Grundschülern bei Klassenarbeiten: Emotionale Disposition, Bewältigungsstrategien und elterlicher Erziehungsstil. Psychologie in Erziehung und Unterricht 48: 179–199.
Spiewak, M. (2001): Die Schule brännt! Die Zeit, 6.12.2001, S. 1.
Spirito, A.; Stark, L. J.; Grace, N.; Stamoulis, D. (1991): Common problems and coping strategies reported in childhood and early adolescence. Journal of Youth and Adolescence 20 (5): 531–544.
Statistisches Bundesamt (2004): Aktualisierte Tabellen zum Datenreport: Die Familie im Spiegel der amtlichen Statistik. Ausgewählte Ergebnisse des Mikrozensus 2003. Bonn.
Stegmann, D. (1997): Lebensläufe Alleinerziehender in West- und Ostdeutschland. Bundesinstitut für Bevölkerungsforschung. Wiesbaden.
Steinhausen, H. C.; Metzke, C. W.; Meier, M.; Kannenberg, R. (1998): Prevalence of child and adolescent psychiatric disorder: The Zurich epidemiological study. Acta Psychiatrica Scandinavica 98: 262–271.
Steptoe, A. (1991): The links between stress and illness. Journal of Psychosomatic Health 35: 633–644.

Stück, M.; Rigotti, T.; Mohr, G. (2004): Untersuchung der Wirksamkeit eines Belastungsbewältigungstrainings für den Lehrerberuf. Psychologie in Erziehung und Unterricht 51: 234–242.

Sturzbecher, D.; Tausendteufel, H. (2003): Gewalt unter Jugendlichen-Trends und Ursachen. In: Andresen, S.; Bock, K.; Brumlik, M.; Schmidt, H.-U.; Sturzbecher, D. (Hg.), Vereintes Deutschland – geteilte Jugend. Ein politisches Handbuch. Opladen, S. 197–212.

Sunwolf, J. D.; Leets, L. (2004): Being left out: Rejecting outsiders and communicating group boundaries in childhood and adolescent peer groups. Journal of Applied Communication Research 32: 195–223.

Sutton, R. E. (2004): Emotional regulation and goals and strategies of teachers. Social Psychology of Education 7: 379–398.

Tacke, M. (1997): Haben die Belastungen für ältere Lehrerinnen zugenommen? Grundschule 29: 16–17.

Tacke, M. (2002): Die Bedeutung von »Wertschätzung« für Lehrkräfte. Zeitschrift für Individualpsychologie 27: 41–51.

Taris, T. W.; Peeters, M. C. W.; Le Blanc, P. M.; Schreurs, P. J. G.; Schaufeli, W. B. (2001): From inequity to burnout: The role of job stress. Journal of Occupational Health Psychology 6: 303–323.

Tatar, M.; Horenczyk, G. (2003): Diversity-related burnout among teachers. Teaching and Teacher Education 19: 397–408.

Thimm, K. (2000): Schulverweigerung – Zur Begründung eines Verhältnisses von Sozialpädagogik und Schule. Münster.

Tiedemann, J.; Billmann-Mahecha, E. (2002): Schwierige Klassen in der Wahrnehmung von Lehrkräften. Zeitschrift für Pädagogische Psychologie 16: 165–175.

Topping, K.; Holmes, E. A.; Bremmer, W. (2000): The effectiveness of school-based programs for the promotion of social competence. In: Bar-On, R.; Parker, D. (Hg.), The handbook of emotional intelligence: Theory, development, assessment, and application at home, school, and in the workplace. San Francisco, S. 411–432.

Torsheim, T.; Wold, B. (2001): School-related stress, support, and subjective health complaints among early adolescents: A multilevel approach. Journal of Adolescence 24: 701–713.

Triandis, H. C. (1995): Individualism and collectivism. Boulder.

Troman, G.; Woods, P. (2000): Careers under stress: Teacher adaptations at a time of intensive reform. Journal of Educational Change 1: 253–275.

Urban, W. (1992): Untersuchungen zur Prognostizierbarkeit der Berufszufriedenheit und Berufsbelastung bei österreichischen Hauptschullehrern. Empirische Pädagogik 6: 131–148.

Ursin, H. (1988): Expectancy and activation: An attempt to systemize stress theory. In: Florin, I.; Weiner, H. (Hg.), Neurobiological approaches to human disease. Toronto, S. 313–334.

Valtin, R.; Wagner, C. (2004): Der Übergang in die Sekundarstufe I: Psychische Kosten der externen Leistungsdifferenzierung. Psychologie in Erziehung und Unterricht 51: 52–68.

Van Marwyk, B. (2004): Bewältigung von Stress in der Schule: Ergebnisse einer Copingprozess-Analyse von Jugendlichen. Diplomarbeit: Universität Mainz.

Verhoeven, C.; Kraaij, V.; Joekes, K.; Maes, S. (2003): Job conditions and wellness/health outcomes in Dutch secondary school teachers. Psychology and Health 18: 473–487.

Verhulst, F. C.; Koot, H. M. (1995): The epidemiology of child and adolescent psychopathology. Oxford.

Wagner, B.; Compas, B. E. (1990): Gender, instrumentality, and expressivity: Moderators of the relation between stress and psychological symptoms during adolescence. American Journal of Community Psychology 18: 383–406.

Waligora, K. (2002): Der Einfluss sozialer Unterstützung durch Eltern und Peers auf körperliche Beschwerden bei Schülerinnen und Schülern. Praxis der Kinderpsychologie und Kinderpsychiatrie 51: 178–193.

Walper, S.; Pekrun, R. (2001): Familie und Entwicklung. Göttingen.

Werner, E. E.; Smith, R. S. (1992): Overcoming the odds: High risk children from birth to adulthood. New York.

Widdern, S. von; Häßler, F.; Widdern, O. von; Richter, J. (2004): Ein Jahrzehnt nach der Wiedervereinigung: Wie beurteilen sich Jugendliche einer nordostdeutschen Schülerstichprobe hinsichtlich ihrer psychischen Befindlichkeit? Praxis der Kinderpsychologie und Kinderpsychiatrie 53: 652–673.

Williams, K.; McGillicuddy-De Lisi, A. (2000): Coping strategies in adolescents. Journal of Applied Developmental Psychology 20: 537–549.

Wilmers, N.; Greve, W. (2002): Schwänzen als Problem. Report Psychologie 12: 404–413.

Winkler-Metzge, C.; Steinhausen, H.-C. (2002): Bewältigungsstrategien im Jugendalter. Zeitschrift für Entwicklungs- und Pädagogische Psychologie 34: 216–226.

Wittchen, H.-U.; Nelson, C. B.; Lachner, G. (1998): Prevalence of mental disorders and psychosocial impairments in adolescents and young adults. Psychological Medicine 28: 109–126.

Wolfram, W.-W. (1995): Das pädagogische Verständnis der Erzieherin. Einstellungen und Problemwahrnehmungen. Weinheim.

Lernen fördern

V&R

Inge Seiffge-Krenke (Hg.)
Aggressionsentwicklung zwischen Normalität und Pathologie
2005. 348 Seiten mit 18 Abb. und 22 Tab., kartoniert
ISBN 3-525-46233-6

Ina Karg
Mythos PISA
Vermeintliche Vergleichbarkeit und die Wirklichkeit eines Vergleichs
2005. 265 Seiten mit zahlreichen Tab. und Abb., kartoniert
ISBN 3-89971-222-6   V&R unipress

Annette Schröder
ADS in der Schule
Handreichungen für Lehrerinnen und Lehrer
2006. Ca. 120 Seiten, kartoniert
ISBN 3-525-49079-8

Ulrike Schäfer / Wolf-Dieter Gerber
AD(H)S – Die Aufmerksamkeitsdefizit-Hyperaktivitäts-Störung
Ein Ratgeber für Eltern, Erzieher und Lehrer
2006. Ca. 100 Seiten, kartoniert
ISBN 3-525-46252-2

Ludowika G. Huber / Joachim Kahlert / Maria Klatte (Hg.)
Die akustisch gestaltete Schule
Auf der Suche nach dem guten Ton
Edition Zuhören, Band 3.
Sonderausgabe 2002. 222 Seiten mit 37 Abb. und 13 Tab., kartoniert
ISBN 3-525-48003-2

Mechthild Hagen
Förderung des Hörens und Zuhörens in der Schule
Edition Zuhören, Band 6.
2006. 229 Seiten mit 8 Abb. und 4 Tab., 1 CD, kartoniert
ISBN 3-525-48006-7

Michael von Aster / Jens Holger Lorenz (Hg.)
Rechenstörungen bei Kindern
Neurowissenschaft, Psychologie, Pädagogik
2005. 240 Seiten mit 78 teils farbigen Abb. und 9 Tab., kartoniert
ISBN 3-525-46248-4

Fordern Sie Informationen zu unserem Programm **Lernpsychologie** an!

Vandenhoeck & Ruprecht

Lernen fördern

V&R

Petra Küspert / Wolfgang Schneider
Hören, lauschen, lernen

Sprachspiele für Kinder im Vorschulalter – Würzburger Trainingsprogramm zur Vorbereitung auf den Erwerb der Schriftsprache

Anleitung
5., überarbeitete Auflage 2006.
65 Seiten, kartoniert
ISBN 3-525-49088-7

Arbeitsmaterial
5., überarbeitete Auflage 2006.
86 Bildkarten in Faltbox
ISBN 3-525-49089-5

Anleitung und Arbeitsmaterial zusammen. ISBN 3-525-49090-9

Ellen Plume / Wolfgang Schneider
Hören, lauschen, lernen 2

Spiele mit Buchstaben und Lauten für Kinder im Vorschulalter – Würzburger Buchstaben-Laut-Training

Arbeitsbuch
2004. 32 Seiten mit zahlreichen Abbildungen, kartoniert
ISBN 3-525-46189-5

Arbeitsmaterial
2004. 48 Bildkarten, 12 Buchstabenkarten, 12 haptische Buchstabenkarten, 24 Dominokarten und 2 Buchstabenwürfel in einer Box
ISBN 3-525-46190-9

Arbeitsbuch und Arbeitsmaterial zusammen. ISBN 3-525-46191-7

Christine Ettrich
Konzentrationstrainings-Programm für Kinder

I: Vorschulalter
2., durchgesehene Auflage 2004.
163 Seiten, kartoniert
ISBN 3-525-45807-X

Arbeitsheft I
2. Auflage 2004. 29 Seiten, kartoniert
ISBN 3-525-45808-8

II: 1. und 2. Schulklasse
2., durchgesehne Auflage 2004.
170 Seiten, kartoniert
ISBN 3-525-45809-6

Arbeitsheft II
2. Auflage 2003. 38 Seiten, kartoniert
ISBN 3-525-45810-X

III: 3. und 4. Schulklasse
2., durchgesehene Auflage 2004.
175 Seiten, kartoniert
ISBN 3-525-45811-8

Arbeitsheft III
2., durchgesehene Auflage 2002.
37 Seiten, kartoniert
ISBN 3-525-45812-6

Mit diesem Materialienpaket sind der Pädagogin und dem Schulpsychologen umfassende Mittel bei Konzentrationsstörungen von Kindern an die Hand gegeben.

Vandenhoeck & Ruprecht